Liebe Leserin, lieber Leser,

mit dem Kauf dieses Produkts erhalten Sie im Internet kostenloses Zusatzmaterial zum Downloaden. So einfach geht's:

- Gehen Sie auf **www.donbosco-medien.de/bonusseite2541**
- Geben Sie den Code unter „Meine Bonusseite" ein.
- Loggen Sie sich in Ihr Kundenkonto ein bzw. melden Sie sich kostenlos und ohne Verpflichtungen an.

Der Download wird Ihnen in Ihrem Kundenkonto bereitgestellt. Er kann beliebig oft und auf verschiedene Geräte heruntergeladen werden.

Mit freundlichen Grüßen
Ihr Verlag Don Bosco Medien

zcP6hRqr

Gertrud Fassl • Gabriele Pohl

Kinderyoga

12 Mitmachgeschichten

Für kleine Yogis von 4 bis 8

DON BOSCO

Gerne nehmen wir Ihre Anregungen, Wünsche, Kritik oder Fragen entgegen:
Don Bosco Medien GmbH, Sieboldstraße 11, D-81669 München
anregungen@donbosco-medien.de
Servicetelefon +49(0 89) 4 80 08-3 41

Bibliografische Information der Deutschen Nationalbibliothek
Die Deutsche Nationalbibliothek verzeichnet diese Publikation in der Deutschen Nationalbibliografie; detaillierte bibliografische Daten sind im Internet über http://dnb.d-nb.de abrufbar.

4. Auflage 2026 / ISBN 978-3-7698-2541-1

produktinformation@donbosco-medien.de
www.donbosco-medien.de

Umschlag: ReclameBüro, München
Illustrationen: Gabriele Pohl
Satz: Don Bosco Medien GmbH, München
Produktion: GrafikMediaProduktionsmanagement, Köln
Gedruckt in Polen

Inhalt

Vorwort

In meiner langjährigen Tätigkeit als Pädagogin habe ich immer wieder die Erfahrung gemacht, dass im Alltag vieler Kinder Momente der Ruhe und Entspannung zu kurz kommen. Viele äußere Einflüsse und damit verbundene Ängste behalten die Kinder in ihrer Seele. Zum Vorschein kommen diese dann oft in Situationen, in denen sie sich überfordert fühlen. Die Kinder werden unruhig, zappelig und unkonzentriert, doch sie wissen nicht, warum sie sich so verhalten. Eine Reise nach Indien hat mich bestärkt, das Thema Yoga nach längerer Pause wieder aufzunehmen. Dabei entdeckte ich aufs Neue: Yoga ist Balsam für Körper, Geist und Seele. Die Vielfalt der Asanas, das bewusste Beobachten des Körpers und das Loslassen aller stressenden Gedanken führt zu wohltuender Entspannung.

Es war für mich naheliegend, meine positive Erfahrung mit Yoga in meine Pädagogik mit einzubinden. Ich machte eine Ausbildung zur Yogalehrerin mit Zertifikat und entdeckte, wie viel Freude es mir bereitet, mit Kindern Yoga zu praktizieren. Seither kann ich mir Kindergarten ohne Kinderyoga nicht mehr vorstellen. Ich begann, Yogageschichten in kindgerechter Sprache zu schreiben. Grundlage dafür waren Erlebnisse auf meinen Reisen und Situationen aus meinem Umfeld.

In den vielen Yogastunden, die ich mit Kindern durchgeführt habe, wurde mir bewusst, welch große Bedeutung Yoga für Kinder hat. Sie erleben eine Stärkung ihres Selbstbewusstseins und lernen, sich und ihren Körper besser wahrzunehmen. Das ist in unserer schnelllebigen und lärmübertönten Zeit für Kinder von großer Bedeutung. Mit den Ideen und Werkzeugen des Yoga können wir junge

Menschen darin bestärken, ihren Lebensweg selbstsicher und voller Zuversicht zu beschreiten.

Daher ist es mein großes Anliegen, meine Erfahrungen weiterzugeben. Ich habe für Sie ein praktisches Kinderyoga-Set zusammengestellt. Es besteht aus einem Yogabuch und Karten mit einem ABC der Yogaübungen. Das Buch beinhaltet eine Einführung in das Thema Kinderyoga und zwölf Unterrichtsbeispiele mit meinen Geschichten. Sie benötigen keine Vorkenntnisse, um die Yogastunden anzuleiten und durchzuführen. Die Texte jeder Stunde können Sie sich über den Downloadcode auf Seite 2 auch bequem auf Ihr Tablet oder Smartphone laden. Die passenden Bildkarten erleichtern die Vorbereitung und Durchführung des Unterrichts.

Die Karten bilden alle Übungen ab, die in den Geschichten vorkommen. Die Yogastellungen haben Ähnlichkeit mit den Tieren oder Pflanzen, von denen die Rede ist. Auf der Rückseite jeder Bildkarte finden Sie eine kurze, einfache Anleitung zur Übung.

Ich möchte auch Familien ermutigen, ihren Kindern Yogageschichten zu erzählen, einer Klangschale zuzuhören, Übungen auszuprobieren und sich bei Fantasiereisen gemeinsam zu entspannen. Seien Sie kreativ und lassen Sie sich von Ihren Kindern inspirieren. Sie werden mir zustimmen: Kinderyoga macht sehr viel Spaß!

Ich wünsche Ihnen viel Freude beim Üben und Entspannen.

Herzlichst

Gertrud Fassl

Yoga, so geht's!

Was ist Yoga?

Yoga ist eine jahrtausendealte Übungsmethode aus Indien, in der es ursprünglich darum ging, durch reine Meditation zur vollkommenen inneren Entspannung und Gelassenheit zu gelangen. Yoga heißt „zusammenbinden", es bringt Körper, Geist und Seele in Einklang. Im Laufe der Zeit haben sich verschiedene Yoga-Arten entwickelt. Manche befassen sich mit Meditation, andere mit Askese und wieder andere mit körperlichen Übungen. „Hatha-Yoga" ist in unserer westlichen Welt die bekannteste Yoga-Art. Sie basiert auf dem körperbetonten Ansatz. Verbunden mit Atem- und Entspannungstechniken führt sie zu innerer Ruhe und Gelassenheit.

Yoga ist jedoch mehr als das. Es ist eine Philosophie, eine Lebens- und Geisteseinstellung. Yoga ist frei von religiösen Inhalten, frei von Leistungsdenken und Leistungsdruck. Es bietet die Möglichkeit, durch den Zustand der inneren Gelassenheit gut mit seinem Alltag in Einklang zu kommen.

So ist Yoga Balsam für Körper, Geist und Seele und kann für jeden eine große Bereicherung sein.

Was sind Asanas?

Asanas sind Yogaübungen, auch Haltungen oder Stellungen genannt, die der Gesundheit des Körpers dienen.

Was ist Kinderyoga?

- Kinderyoga ist auf der Basis des Hatha-Yoga aufgebaut und hilft den Kindern, durch Yogaübungen, die Asanas, ihren eigenen Körper, ihr eigenes Ich kennenzulernen.
- Kinderyoga bewirkt, dass Wirbelsäule, Muskeln, Organe und Gelenke der Kinder in ihrem Wachstum gefördert und gestärkt werden.
- Kindliche Methoden der Rückenmassage, Rituale und Spiele geben den Kindern Sicherheit und Motivation. Kinderyoga stärkt auf diese Weise den ganzen Körper und fördert die Konzentration und das Sozialverhalten.

Welche Unterschiede gibt es zum Erwachsenenyoga?

Kinderyoga unterscheidet sich vom Yoga für Erwachsene durch kindgerechte Didaktik und Methodik. In der Didaktik geht es um die Planung und Vorbereitung der Unterrichtsstunde, in der Methodik um die Vermittlung der Lerninhalte und um die Durchführung des Unterrichts.

Alle Asanas werden im Unterschied zum Erwachsenenyoga kurz gehalten. Während sich Erwachsene beim Yoga auf die Anweisungen der Yogalehrer*in konzentrieren, steht im Kinderyoga nicht die korrekte Körperhaltung im Vordergrund, sondern das Identifizieren mit dem Thema, mit der Übung, mit der Geschichte. Die Kinder versetzen sich spielerisch in die Yogahaltungen. Kündigt man den Kindern die Stellung „Löwe“ an, versetzen sie sich augenblicklich in die Rolle des Löwen. Sie brüllen, fauchen, spielen Löwe. Der/die Erzieher*in greift diese Situation des Rollenspiels auf und geht über in die Haltung „Löwe“. Die Kinder sind sofort mit Freude dabei. Das beschriebene Rollenverhalten wiederholt sich auch bei anderen Tierstellungen: Das Kind ist die Katze und miaut, ist der Hund und bellt.

Kinder lieben Geschichten. Sie bieten Möglichkeiten, Kinderyoga interessant und spannend zu machen. In den lustigen und lehrreichen Erzählungen leben die Kinder ihren Bewegungsdrang und ihre Fantasien aus.

Kinder erspüren ihre Körpererfahrungen erst nach der Yogastunde. Durch abschließende Fragen zur Geschichte, zu den Asanas und zu ihrem Wohlbefinden werden die Kinder daran erinnert, worum es geht: um den achtsamen Umgang mit sich selbst, um Selbstwahrnehmung und Entspannung.

Leichte Atemübungen, Pranayamas, gehören ebenfalls dazu. Vorgeben sollten wir das gezielte Atmen allerdings erst ab dem Schulalter. Im Kindergarten führen wir keine länger andauernden Atemübungen und keine Übungen mit Luftanhalten durch. Das machen die Kinder sowieso spielerisch und probieren aus, wer länger die Luft anhalten kann. Es genügt, durch ein „Om“, durch Summen, Brummen oder Pfeifen das Ein- und Ausatmen spielerisch zu üben. Ab dem Schulalter werden Atemübungen auf Anleitung, wie z. B. im „Kleinen Sonnengruß“, durchgeführt.

Ein gutes Beispiel aus der Kindergartenpraxis ist das Erlernen der Bauchatmung: Die Kinder liegen entspannt mit dem Rücken auf ihrer Matte. Jedes Kind bekommt von dem/der Erzieher*in ein gefaltetes kleines Papierschiff auf den Bauch gelegt. Nun soll es versuchen, so in den Bauch zu atmen, dass sich das Schiffchen nach oben und unten bewegt. Durch genaues Beobachten und Ausprobieren lernt das Kind auf diese Weise die Bauchatmung kennen.

Fazit: Kinderyoga ist Lernen – Lernen ist Spiel – Spielen macht Spaß.

Was bewirken Yoga- und Entspannungsübungen bei Kindern?

- Hyperaktive Kinder entspannen sich, Stresssymptome und Verspannungen werden gelöst.
- Einem zu starken Bewegungsdrang wirkt Yoga entgegen. Die Konzentration ist auf einzelne Körperteile gerichtet.
- Therapien bei Haltungsschäden können durch Yoga unterstützt und eine Besserung kann beschleunigt werden.

- Die Körperwahrnehmung wird verstärkt. Die Kinder lernen, ihr Empfinden und sich selbst bewusster wahrzunehmen.
- Schlafstörungen können sich verringern.
- Selbstkompetenz wird gefördert und das Sozialverhalten wird gestärkt.
- Die Gedächtnisleistung wird gesteigert.

Welche Übungen eignen sich bei besonders aktiven Kindern?

Bewegungsspiele – Asanas – leichte Atemübungen zur Beruhigung – spielerische Massagen – Entspannungsgeschichten

Worauf ist bei den Yogaübungen zu achten?

Der wichtigste Ansatz im Kinderyoga ist das spielerische Ausüben der Asanas. Dabei soll kein Konkurrenzdenken unter den Kindern entstehen. Die Kinder sind noch in der Wachstumsphase, d. h., seien Sie vorsichtig beim Ausüben der Asanas. Ausdauerübungen und längeres Halten von Stellungen sollten erst durchgeführt werden, wenn die Kinder kräftig genug sind. Bei Gleichgewichtsübungen ist es wichtig, dass in den Asanas junge Kinder lernen, über einen bestimmten Zeitraum die Balance zu halten. Geduld und Humor sind angesagt. Das Luftanhalten im Kinderyoga ist tabu. Asthmakinder sollten keine Übungen machen, die die Atmung beeinträchtigen. Kopf- und Schulterstand sind erst ab dem Schulalter zu empfehlen. Durch wiederholtes Benennen der Körperteile lernt das Kind seinen Körper kennen und lernt auch, achtsam mit ihm umzugehen. Sobald sich ein Kind während der Yogaübung über Schmerzen beschwert, sollte es die Übung beenden. Bei Krankheit und Unwohlsein sind Yogaübungen für die Kinder zu anstrengend. Leichte Entspannungsgeschichten lenken ab und beruhigen.

Das ist besonders zu beachten:

- Keine Belastung der Halswirbelsäule
- Kein Drücken der Wirbelsäule
- Keine Massage an den Fersen (mögliche Fersenschmerzen/Wachstumsfuge)
- Kein Augenschließen für Kinder, die dies nicht möchten

Welche Regeln gibt es?

Regeln im Yoga sind wichtig und helfen den Kindern, sich sicher zu fühlen. Folgende Regeln für die Kinderyogastunde sind von Bedeutung:

- Die Yogastunde ist freiwillig.
- Vorher auf die Toilette gehen, sonst wird der Unterricht immer wieder gestört.
- Yogaübungen sollen und müssen angenehm sein, niemals die Schmerzgrenze überschreiten.

- Korrigieren ja, aber nicht zu viel
- Verschiedene Bewegungen im Yoga sind neu. Das Kind muss sie erst kennenlernen, z. B. Wechselbewegungen: vom Stand zum Sitz zum Liegen, vom Liegen zum Sitz zum Stehen; Arme nach oben – Einatmen (EA), Arme nach unten – Ausatmen (AA).
- Yogaübungen werden ruhig, langsam und konzentriert durchgeführt.
- Geatmet wird grundsätzlich durch die Nase, Ausnahmen beim „Om“, Tönen, Pusten.
- Nach jeder Übung wird nachgespürt.
- Am Ende jeder Yogastunde folgt eine Schlussentspannung.
- Partnerübungen werden gerne von den Kindern angenommen. Sie unterstützen das Sozialverhalten und wecken Vertrauen unter dem Motto „Wir helfen einander“.
- Beim Kinderyoga geht es nicht um schneller, höher, besser, sondern um innere Ruhe, persönliche Erfahrungen und Erlebnisse.
- Für Yoga gibt es keine Belohnungen oder Schulnoten. Alle Kinder sind individuell und können unterschiedliche Dinge.
- Es ist selbstverständlich, dass die Anweisungen des/der Yogalehrer*in beachtet und befolgt werden.
- Die ideale Gruppenanzahl für eine Yogastunde sind sechs Kinder.
- Die Anzahl und die Auswahl der Asanas richten sich nach den Yogakenntnissen der Kinder. Es wird empfohlen, mit drei bis vier Haltungen pro Geschichte zu beginnen und diese dann langsam in den nachfolgenden Unterrichtseinheiten zu steigern.

Die wichtigsten Yogaregeln, die wir zu Beginn der Übungsstunde gemeinsam besprechen

- Schuhe ausziehen, nur mit Strümpfen oder barfuß auf die Matte gehen
- Die eigene Matte während der Yogastunde nur auf Anweisung verlassen
- Andere nicht stören oder auslachen
- Nur ich bin wichtig.
- Motto während der Stunde: „Augen auf, Ohren auf, Mund zu“, erst zuschauen, dann selbst ausführen
- Sich melden, wenn etwas schmerzt oder nicht in Ordnung ist

Wie wichtig sind Rituale?

Gleichbleibende, wiederkehrende Rituale sind für Kinder sehr wichtig. Kinder brauchen Rituale für ihr Wohlbefinden. Die Kinderyogastunden sollten den gleichen Ablauf haben und klar strukturiert sein. Das Begrüßungsritual, der regelmäßige Ablauf der Yogaübungen, ein Ritual zum Schluss mit der Verabschiedung vermitteln den Kindern ein Gefühl der Sicherheit und Geborgenheit.

Vorschläge zur Vorbereitung

Eine gute Planung ist für jede Yogastunde wichtig. Während der Planung durchdenke ich die Bedingungen, die Ziele, den Inhalt, die Art und Weise meines Unterrichts. Ich erarbeite ein Konzept und verschaffe mir einen Überblick, wie meine Stunde final aussehen soll. Eine Einführung in das Thema „Yoga“ ist in der ersten Yogastunde selbstverständlich.

1. Wie sollte der Raum aussehen?

- Wo möchte ich Yoga anbieten?
- Welche Räumlichkeiten stehen mir zur Verfügung?
- Ist mein Raum kindersicher und groß genug?
- Wie sieht meine Raumgestaltung aus?
- Habe ich Möglichkeiten, den Raum zu lüften, zu verdunkeln?
- Liegt mein Raum in ruhiger Lage, oder stören Außengeräusche den Ablauf meiner Stunde?
- Habe ich für Sicherheit gesorgt? (Kühlbeutel, feuchter Waschlappen)
- Ein leerer Raum mit viel Platz, der warm, gemütlich und freundlich ist, wäre für eine Yogastunde ideal.

2. Worüber sollte ich mir im Vorfeld Gedanken machen?

- Mit welcher Altersgruppe möchte ich Yoga durchführen?
- Kennen sich die Kinder untereinander?
- Habe ich eine altersgemischte Gruppe?
- In welcher gesundheitlichen Verfassung befinden sich die Kinder?
- Welche Bedürfnisse haben sie?
- Welchen erzieherischen Einfluss habe ich auf die Kinder?
- Kenne ich das Konzept meiner Stunde?
- Kenne ich alle Yogaübungen?
- Kenne ich den Inhalt der Geschichte?

3. Lehrmaterialien und Zeitplan

- Welche Hilfsmittel habe ich oder kann ich mir besorgen?
- Habe ich genügend Yogamatten für die Kinder?
- Habe ich Musik, Smartphone, CD-Player, CD, Klangschale etc. vorbereitet?
- Welche Gegenstände benötige ich für meine Geschichte? (Tücher, Naturmaterialien, Stofftiere ...)
- Wann führe ich meine Yogastunde durch?
- Wie lange soll meine Stunde dauern? (etwa 30 bis 45 Minuten, je nach Altersstufe)

Ablauf einer Unterrichtsstunde

Vorbereitung

Zunächst wird der Raum vorbereitet. Gegenstände und Spielmaterialien passend zum Thema schmücken die Mitte. Ich stelle auch noch einen Korb mit Kieselsteinen bereit. Die Bildkarten aus dem Yoga-ABC mit den passenden Übungen zur Geschichte lege ich ebenfalls in die Mitte. Unser Yogibär ist jede Stunde mit dabei und schaut uns zu. Die Matten liegen kreisförmig zur Mitte hin ausgerichtet im Raum.

- Ich hole die Kinder, sechs Jungs und Mädchen im Alter von vier bis sechs Jahren, im Gruppenraum ab.
- Jedes Kind darf sich aus dem Korb einen Kieselstein aussuchen und ihn in Händen halten. Der Stein steht für Lebenskraft und Energie.
- Wir gehen gemeinsam in den Yogaraum.
- Zu Beginn der Stunde werden die Schuhe ausgezogen, bevor wir den Raum betreten.
- Jeder sucht sich eine Matte.
- Wir legen unseren Stein in die Mitte des Kreises.
- Wir lauschen dem Gong der Klangschale, bis der Klang verstummt ist.

Das Begrüßungsritual

Die Kinder stehen im Kreis und fassen sich an den Händen zum **Energiekreis.** Ich drücke leicht die Hand des Kindes, das links von mir im Kreis steht. Dieses gibt den Druck weiter, bis das letzte Kind meine Hand berührt. Danach falten wir unsere Hände locker zusammen und halten sie an unser Herz zu unserem Begrüßungsritual. Wir verbeugen uns und sagen „**Namasté**“, das heißt „Verbeu-

gung dir“ oder, für Kinder übersetzt, „Ich verbeuge mich vor dir“.

Nach der Begrüßung folgt das **Aufwärmen.** Es dient dem Körper und dem Geist dazu, im Hier und Jetzt anzukommen, warm und wach zu werden, loszulassen und sich zu lockern. Ein beliebtes **Aufwärmspiel** ist „Hallo, liebe Füße, schön, dass ihr da seid!“.

Wir sitzen auf unserer Matte und klatschen unsere Fußsohlen leicht ab. (Fersen nicht massieren). Es bietet sich an, den Kindern die Fußreflexzonen zu erklären. Dabei sprechen wir unseren Vers: „Hallo, liebe Füße ... “

Jetzt werden alle Körperteile der Reihe nach abgeklatscht: Zuerst die Beine mit „Hallo liebe Beine, schön, dass ihr da seid!“. Unser Rücken wird durch die Rückenschaukel massiert. Danach liegen wir mit nach oben gestreckten Beinen auf dem Rücken. Unser „Hallo, lieber Popo, schön, dass du da bist!“ finden die Kinder immer besonders lustig. Nach dem Popoklatschen richten wir uns wieder zum Sitzen auf, und weiter geht es mit „Hallo, liebe Brust, ... lieber Bauch, ... liebe Finger, ... liebe Hände, ... liebe Arme, schön, dass ihr da seid!“. Als Abschluss umfassen wir mit beiden Händen unseren Kopf, halten ihn ganz ruhig in unseren Händen und sprechen leise und langsam: „Hallo, lieber Kopf, schön, dass du da bist!“ Wir schließen kurz unsere Augen und werden ganz ruhig.

Weitere Beispiele von Aufwärmmöglichkeiten

- Wir bewegen uns zum Hampelmannspiel, zum Zippel-Zappelmannspiel.
- Wir lassen unsere Arme wie eine Windmühle kreisen.
- Wir bewegen unsere Arme in Schwimm- und Kraulbewegungen.
- Wir ziehen unsere Schultern nach oben und lassen sie wieder fallen.
- Wir schneiden Grimassen.
- Wir öffnen Mund und Augen weit und strecken die Zunge heraus. (Diese Übung entspannt die Gesichtsmuskulatur und wird auch bei der Löwenstellung ausgeübt – übrigens ist sie die Lieblingsübung vieler Kinder.)

Die Aufwärmphase sollte nicht zu lange sein und zehn Minuten nicht überschreiten. Leise Musik und Räucherstäbchen können die Entspannung fördern.

Die Durchführung der Kinderyogageschichte

Nun folgt die Durchführung der Kinderyogageschichte mit den Asanas. Ich habe mich vorher intensiv mit dem Inhalt der Geschichte befasst und kann sie ruhig und spannend erzählen. Anhand der Gegenstände in der Mitte des Kreises bekommen die Kinder die Geschichte visuell vermittelt. Ich beginne und unterbreche sie an der Stelle, an der die Yogaübung durchgeführt werden soll. Zunächst lege ich eine kurze Pause ein. Anschließend mache ich die Übung vor und die Kinder schauen zu. Danach führen die Kinder die Übung durch. Ich gebe, wenn nötig, Hilfestellung und achte darauf, dass sich kein Kind überdehnt oder verletzt. **Ich habe alle Kinder im Blick.**

Für die Durchführung der Asanas lassen wir uns viel Zeit. **Jede Haltung (z. B. Baum,**

Himmel, Sonne, Vogel ...) wird nur einmal in der Geschichte ausgeführt, auch wenn sie öfter im Text vorkommt. Auch achte ich darauf, dass stehende Stellungen, z. B. die Baumhaltung mit Rechts-links-Wechsel, nur kurz sind. Andere Übungen im Liegen oder in der Hocke können öfter wiederholt werden.

Die Entspannung und Ende der Stunde

Nach der Yogageschichte folgt die Entspannung. Der Moment der Entspannung ist im Yoga nicht wegzudenken. Das vegetative Nervensystem wird aktiviert und die Organe entspannen sich. Körper und Geist bekommen die Möglichkeit, loszulassen. Alles kann sich neu ordnen. Dabei helfen Entspannungsübungen, Massagen und der Einsatz einer Klangschale.

Die Kinder liegen locker und bequem auf dem Rücken. Bei Dämmerlicht lese ich leise und langsam die zur Yogastunde passende Entspannungsgeschichte vor. Danach bleiben wir noch ein wenig auf der Matte liegen. Alle sind entspannt und ruhig.

Mit dem **Aufwachen**, dem Rekeln und Strecken der Arme, dem Gähnen, kommen wir langsam zum Ausklang unserer Stunde.

Ein **Erzählstein** wird in der Runde herumgereicht und jedes Kind berichtet, wie es sich fühlt. Feedbacks wie „Ich bin ja fast eingeschlafen“, „Das war geil“, „Das tut gut“, „Yoga ist cool“ zeigen, dass die Kinder alles richtig gemacht haben.

Bei unserem **Abschlussritual** stehen wir alle wieder im Kreis und halten uns an den Händen. Um den Energiefluss wieder in die andere Richtung zu lenken, geht der Händedruck unseres Energiekreises diesmal nach rechts. Mit der traditionellen Verbeugung und dem **„Namasté“** ist unsere Yogastunde zu Ende.

Yogageschichten

Der kleine Yuma

Asanas: Indianer/Held/Krieger, Sonne, Baum, Bogen, Maus, Heuschrecke, Brücke, Boot, Fisch, Krokodil, Affe

Begrüßung: Energiekreis mit Händedruck nach links – Namasté – Aufwärmspiel

Einstieg in die Geschichte: Wir lernen heute den kleinen Yuma kennen. Er wohnt in einem Dorf am Amazonas, einem großen Fluss in Brasilien. Sein ganzer Stolz ist sein kleines buntes Kanu, mit dem er täglich auf dem Fluss Abenteuer erlebt.

Erzählung der Geschichte:

Yuma sitzt vor seiner Hütte am Fluss und überlegt, wie er heute seinen Tag gestalten könnte.

1 Indianer – *kurz in der Haltung bleiben und atmen – Seitenwechsel*

Die Sonnenstrahlen blinzeln schon am Morgen durch die Blätter der großen, starken Bäume des Urwalds.

2 Sonne

3 Baum – *mit Wechsel rechtes und linkes Standbein*

Yuma holt Pfeil und Bogen und beginnt seinen Spaziergang durch das Dorf.

4 Bogen

Es ist noch sehr ruhig im Dorf. Eine kleine Maus läuft ihm über den Weg.

5 Maus

Eine Heuschrecke hat es sich auf dem Blatt einer Blume gemütlich gemacht.

6 Heuschrecke

Nach seinem Rundgang kehrt er zurück zum Fluss, überquert eine kleine Brücke und steigt in sein Kanu.

❼ **Brücke**

❽ **Boot**

Mit seinem Paddel kann er ganz langsam den Fluss entlangplätschern. Der Fluss ist nicht sehr tief und Yuma sieht im klaren Wasser, dass sich viele kleine Fische um sein Kanu tummeln.

❾ **Fisch**

Manche begleiten sein Boot eine kurze Strecke, doch bald sind sie wieder im Wasser untergetaucht. Am Ufer des Flusses entdeckt Yuma mit seinen scharfen Adleraugen das Maul eines Krokodils.

❿ **Krokodil** – *Wechsel der Beinstellung rechts und links*

Er hat von seinem Vater, dem Indianerhäuptling des Dorfes, gelernt, nicht zu nahe an die Krokodile heranzupaddeln. Schnell gleitet das Kanu weiter über das ruhige Wasser. Es ist fast still im Urwald. Man hört nur ab und zu das laute Schreien der Affen.

⓫ **Affe**

Die Sonne brennt vom Himmel und steht genau über ihm und seinem Kanu. Das bedeutet für Yuma: Er muss zurück ins Dorf. Es ist Mittagszeit und seine Mutter wartet in der Hütte auf ihn. Heute gibt es sein Lieblingsessen, gegrillten Fisch mit Maniok. Schnell paddelt er mit seinem Kanu wieder zurück nach Hause.

Entspannungsgeschichte: Yuma hat sich nach dem Essen in sein Kanu gelegt. Zwischen den Schilfblättern liegt er im Schatten, er ist müde und ruhig. Die leichten, regelmäßigen Schaukelbewegungen des Kanus wirken ermüdend. Sein Körper wird immer schwerer. Das Plätschern des Wassers ist ganz leise geworden. Das Kanu bewegt sich nur noch langsam hin und her. Seine Gedanken gehen in das Dorf, das er liebt, seinen Fluss und den Urwald mit seinen riesigen Bäumen und wunderschönen Vögeln und Schmetterlingen in den buntesten Farben. Später trifft er seine Freunde. Doch jetzt liegt er ganz ruhig in seinem bunten Kanu und schaukelt gemütlich vor sich hin.

1 Minute Pause …

Aufwachen: Erfüllt von dem Gefühl der Ruhe und Entspannung kommen wir wieder langsam zurück – zurück in unseren Yogaraum. Wir beenden unsere Reise mit Yuma. Rekelt und streckt euch, wenn ihr möchtet, gähnt und kommt dann über die Seite langsam zum Sitzen.

Erzählrunde mit Erzählstein: Wie fühlt ihr euch? Wie hat euch die Geschichte gefallen?

Fazit: Jeder von euch hat etwas anderes gefühlt und erlebt – denn jeder von uns denkt anders, und das ist gut so.

Abschlussrunde: Energiekreis mit Händedruck nach rechts – Namasté

Dschungelabenteuer

Asanas: Boot, Muschel, Schmetterling, Baum, Vogel, Kobra, Tiger, Frosch, Krokodil

Begrüßung: Energiekreis mit Händedruck nach links – Namasté – Aufwärmspiel

Einstieg in die Geschichte: Heute machen wir einen Ausflug in den Dschungel.

Erzählung der Geschichte:

Bitte alle ins Boot einsteigen.

❶ Boot

Insel in Sicht! Dschungel in Sicht! Wir sind am Strand. Wir steigen aus und spüren den Sand unter den Füßen. Wir laufen barfuß auf Zehenspitzen durch den feinen Sand.

Laufen auf der Matte

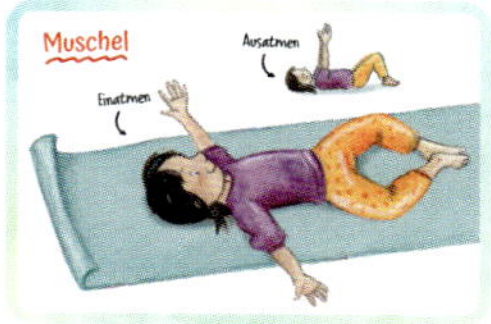

Wir entdecken eine Muschel im Sand. Sie liegt erst ganz ruhig. Dann öffnet sie sich und schließt sich wieder.

❷ Muschel

Wow, wie sieht der Dschungel mächtig aus! Wir lauschen eine Minute, und unser Dschungelabenteuer beginnt. Wir waten vorsichtig durch das feuchte Gras. Große Schmetterlinge in herrlich bunten Farben tanzen vor uns her. Sie freuen sich und sagen: „Kommt mit uns!“

❸ **Schmetterling** – *mehrmals wiederholen; mit dem Lied: „Schmetterling, du kleines Ding“ macht die Übung noch mehr Spaß.*

Der Dschungel ist wunderschön. Ein riesiger Baum zeigt uns seine starken Wurzeln und seinen Stamm.

4 Baum – *mit Wechsel rechtes und linkes Standbein*

Papageien sitzen auf den Ästen der Bäume und bewegen ihre großen Flügel weit nach oben und unten.

5 Vogel *mit EA und AA*

Manchmal schreien sie ganz laut auf, weil das Echo im Urwald so schön nachhallt. Doch plötzlich sind sie ganz aufgeregt und fliegen weiter. Eine Kobra schlängelt sich durch die Äste Richtung Boden. Sie verschwindet im Unterholz.

6 Kobra

Wir haben noch einmal Glück gehabt. Ein lautes Fauchen ist von Weitem zu hören. Was ist das? Ein Tiger schleicht mit seinem Jungen durch das Schilf. Er fletscht seine Zähne und entfernt sich in eine andere Richtung. Wir können ihn aus der Ferne beobachten.

7 Tiger

Wir erreichen einen kleinen Tümpel. Kleine grüne Frösche quaken vor sich hin und üben sich im Hochsprung: Wer kann am höchsten springen?

8 Frosch

Ein junges Krokodil taucht plötzlich im Wasser auf. Es reißt sein Maul weit auf und scheint zu gähnen.

9 Krokodil

Es hat uns nicht bemerkt. Wir laufen schnell zurück an den Strand zu unserem Boot. Die wunderschönen Schmetterlinge verabschieden sich von uns. Es war schön, sie zu treffen. Sie flattern davon. Wir steigen ins Boot und paddeln nach Hause. Das ist eine aufregende und gefährliche Abenteuerreise gewesen!

Massage: Passend zur Geschichte machen wir heute eine Fußreflexzonenmassage. Der/die Erzieher*in macht die Übung vor und leitet die Kinder an, die Massage an den eigenen Füßen auszuprobieren: Die Kinder sitzen auf der Matte und holen den linken Fuß mit angewinkeltem Knie an sich heran. Das rechte Bein liegt ausgestreckt am Boden. Jetzt können sie ihren Fuß so in Händen halten, dass sie mit Daumen oder Zeigefinger ihre Zehen an der Unterseite nacheinander leicht drücken können. Die Fußballen werden nicht massiert.

Danach strecken wir das linke Bein aus und wiederholen die Fußreflexzonenmassage am rechten Fuß.

Erzählrunde mit Erzählstein: Wie fühlt ihr euch? Wie hat euch die Geschichte gefallen? Welches Asana hat euch am besten gefallen?

Fazit: Jeder von uns hat etwas anderes gefühlt und erlebt – denn jeder von uns denkt anders, und das ist gut so.

Abschlussrunde: Energiekreis mit Händedruck nach rechts – Namasté

Finn, der kleine Pirat

Asanas: Indianer/Held/Krieger, Hund, Baum, Affe, Boot

Begrüßung: Energiekreis mit Händedruck nach links – Namasté – Aufwärmspiel

Einstieg in die Geschichte: Wir lernen heute den kleinen Piraten Finn kennen. Finn ist ein furchtloser Pirat, der mit seinen Piratenkumpanen auf einem großen Piratenschiff durch die Welt reisen möchte, um viele Abenteuer zu erleben.

Erzählung der Geschichte:

Pirat Finn darf heute zum ersten Mal seine Kumpane auf eine sehr abenteuerliche Piratenreise begleiten. Es geht endlich los. Das Piratenschiff fährt weit über das Meer. Nach unendlich vielen Tagen entdeckt Finn einen Streifen am Horizont, als er durch sein Fernrohr blickt. Er ruft freudig: „Land in Sicht", und alle Piraten jubeln mit ihm. *(Aufrichten und schauen – Drehung nach links und rechts)* Captain Jack wirft den Anker über Bord *(Wurfbewegung)* und alle klettern aus dem Schiff an Land. Sie freuen sich, auf einer wunderschönen Insel gelandet zu sein, und fühlen sich wie Helden.

1 **Held** – *auf beiden Seiten wiederholen*

Plötzlich sind alle sehr erstaunt. Ein kleiner Hund taucht aus dem Nichts auf und rennt auf sie zu. Er stellt sich vor: „Mein Name ist Bello." Vor lauter Freude, Menschen entdeckt zu haben, hüpft er aufgeregt hin und her. Er erzählt den Piraten, wie er auf der Insel vergessen wurde. Er hatte mit Sehnsucht auf die Ankunft des nächsten Schiffes gewartet. Er möchte, dass sie ihn auf das Schiff mitnehmen, damit er nicht mehr so alleine auf der Insel ist. Bello schaut den kleinen Piraten Finn mit seinen braunen kugeligen Hundeaugen an. „Du darfst mit auf das Piratenschiff", sagt Finn, und alle anderen Piraten stimmen ihm freudig zu.

2 **Hund** – *kurz in Stellung bleiben und atmen*

Plötzlich schwingt sich ein Affe mit seinen langen Armen am Blatt einer riesengroßen Palme entlang und landet auf dem Boden.

3 Baum

Er hat die Piraten ebenfalls entdeckt und möchte als bester Kletterer der Welt mit auf das Piratenschiff. Er setzt sich auf Finns Schulter und stellt sich vor: „Ich bin Charly, und es war immer schon mein Traum, als Pirat Schiffe zu kapern.“ Das findet Finn lustig: ein Affe auf seiner Schulter. Alle beschließen, auch Charly mit auf das Schiff zu nehmen. Er soll das Maskottchen von Captain Jack werden und auf dem Hochmast Ausschau nach Schiffen halten, die gekapert werden sollen.

4 Affe – *mit Wechsel rechter und linker Arm*

Finn geht mit seinen Piratenkumpanen, mit Bello und Charly, dem Maskottchen, wieder auf das Schiff zurück.

5 Boot

Jetzt legen sich alle in ihre Hängematte und ruhen sich aus.

Entspannungsgeschichte: Finn und alle Piraten liegen ruhig in ihren Hängematten. Die Sonne scheint warm auf ihre Körper und alle fühlen sich angenehm müde.

Sie atmen noch einmal entspannt ein und aus und spüren, wie ihre Körper immer schwerer und schwerer werden. Die Hängematte von Finn bewegt sich nur noch ganz langsam hin und her. Finns Gedanken sind auf der wunderschönen Insel, die er mit seinen Kumpanen heute Morgen entdeckt hat. Er sieht das türkisfarbene Wasser des Meeres, das mit seinen Wellen und den Sonnenstrahlen fast silbern glänzt, und den weißen Strand mit seinen feinen Sandkörnchen. Er sieht in Gedanken Bello, der seine Geschichte erzählt, und Charly, der seinen Wunsch äußert, Pirat zu werden. Finn fühlt sich auf dem Piratenschiff mit Captain Jack und seinen Kumpanen sehr wohl. Er liegt ganz entspannt in seiner Hängematte und ist zufrieden, dass Bello und Charly ein neues Zuhause auf dem Piratenschiff gefunden haben. Finn fühlt sich ganz schwer in der Hängematte, die sich immer langsamer hin- und herbewegt. Alles ist still auf dem Piratenschiff. Auch Bello und Charly ruhen sich aus. Oder sind sie etwa eingeschlafen?

1 Minute Pause …

Aufwachen: Erfüllt von dem Gefühl der Ruhe und Entspannung beenden wir unsere Reise mit dem Piraten Finn, den Piratenkumpanen, dem Hund Bello und dem Affen Charly. Wir kommen mit unseren Gedanken langsam wieder zurück – zurück in unseren Yogaraum. Rekelt und streckt euch, wenn ihr möchtet, gähnt und kommt dann über die Seite langsam zum Sitzen.

Erzählrunde mit Erzählstein: Wie fühlt ihr euch? Wie hat euch die Geschichte gefallen? Welche Yogaübungen habt ihr in der Geschichte wiedergefunden?

Fazit: Jeder hat etwas anderes gefühlt und erlebt – denn jeder von uns denkt anders, und das ist gut so.

Abschlussrunde: Energiekreis mit Händedruck nach rechts – Namasté

Sturm im Ozean

Asanas: Himmel, Vogel, Indianer/Held/Krieger, Muschel, Krabbe, Schildkröte, Fisch, Sonne

Begrüßung: Energiekreis mit Händedruck nach links – Namasté – Aufwärmspiel

Einstieg in die Geschichte: Wir sind heute am Atlantischen Ozean. Ein gewaltiger Sturm fegt über das Meer. Graue Wolken bedecken den Himmel und der Sturmwind wirbelt viele kleine Sandkörnchen am Strand vor sich her.

Erzählung der Geschichte:

❶ **Himmel** – *Die Kinder blasen „den Wind" durch die trichterförmig gehaltenen Hände.*

Die weiße Möwe Dylan hat sich am Strand niedergelassen. Ihr macht das Fliegen bei dem Sturm keinen Spaß. Sie sucht Schutz und entdeckt am Strand viele ihrer Freunde, die alle im gleichen Abstand auf dem Strand verteilt eine Mittagsruhe eingelegt haben. Sie schauen alle in die gleiche Richtung, damit der Sturm ihnen nicht entgegenbläst, sondern ihnen über den Rücken und Kopf weht und sie dadurch geschützt sind.

❷ **Vogel** – *dabei EA beim Heben und AA beim Senken der Arme; mehrmals langsam wiederholen*

Auch die jungen Möwen sitzen dabei und suchen Schutz bei ihren Eltern. Sie sind ganz aufgeregt und trippeln mit ihren winzigen Füßchen mal kurz aus dem Schutz der Eltern heraus, um sich eine kleine Mahlzeit aus dem angespülten Sand zu picken. Dann geht es schnell wieder zurück in die Gruppe der Möwen, die wie eine geschlossene Mannschaft am Strand steht und den Sturm über sich ergehen lässt. Wie kleine Helden stehen sie da und schützen sich gegenseitig.

❸ **Held** – *auf beiden Seiten wiederholen*

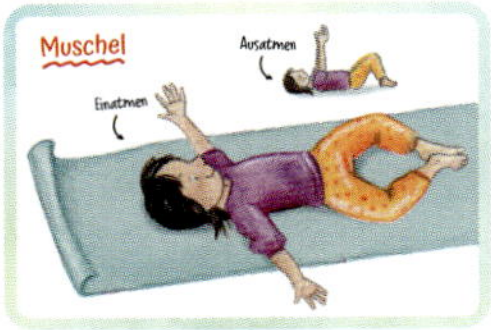

Doch die Möwe Dylan ist sehr ungeduldig und neugierig. Sie sammelt ihre ganzen Kräfte und fliegt über die tosenden Wellen am Meer entlang. Sie beobachtet die Muscheln, die von den Wellen angespült und durcheinandergewirbelt werden. Sie haben ihre Orientierung ganz verloren.

4 **Muschel** – *mit Öffnen und Schließen der Beine und Arme*

Eine junge Krabbe rennt aufgeregt hin und her.

5 **Krabbe**

Eine kleine Wasserschildkröte wird von den Wellen an Land gespült. Sie weiß gar nicht, wie ihr geschieht, und wird glücklicherweise von der nächsten Welle wieder zurück in den Ozean gespült.

6 **Schildkröte**

Die Möwe Dylan sucht auf einem langen Holzsteg einen Landeplatz, um sich auszuruhen. Sie hat sich auf dem Geländer niedergelassen und geht ein wenig spazieren. Eine Familie hat am Ende des Steges ein großes viereckiges Fischernetz ausgeworfen. Die Menschen müssen das Fischernetz öfter leer aus dem Ozean herausziehen. Doch dann fangen sie zwei kleine Fische und zwei Muscheln.

7 Fisch

Die meisten Fische vermeiden es, an der Oberfläche zu schwimmen. Sie tauchen tief hinab in den Ozean. Dort sind sie sicher. Für sie wäre es lebensbedrohlich, an Land gespült zu werden. Plötzlich öffnet sich der Himmel und die Sonne strahlt mit ihren warmen Sonnenstrahlen auf den Ozean.

8 Sonne

Die Möwe Dylan freut sich, dass der Sturm endlich aufgehört hat, und fliegt zurück zu ihren Freunden, die alle durcheinanderfliegen und auf der Suche nach Futter sind. Der lange Mittagsschlaf im Sturm hat sie sehr hungrig gemacht.

Entspannungsgeschichte: Stell dir vor, du liegst auf dem warmen Sand am Strand. Du bist ganz entspannt und spürst die Wärme auf deinem Körper. Dein Kopf hat eine kleine Mulde im Sand gebildet. Wenn du möchtest, schließe deine Augen, öffne ein wenig deinen Mund und lass die Zunge ganz locker. Du entspannst dein ganzes Gesicht. Dein Kopf liegt weich im Sand und ruht sich aus. Deine Arme liegen locker neben deinem Körper und deine Handflächen spüren die Leichtigkeit der kleinen warmen Sandkörnchen. Deine Schultern und der Rumpf deines Körpers spüren die Wärme des Sandes. Sie liegen schwer, ganz schwer, und du entspannst dich immer mehr. Deine Beine liegen locker und deine Fersen haben sich wie eine kleine Billardkugel in den warmen Sand gelegt.

Du liegst einfach da und genießt die Wärme des Sandes und die Sonnenstrahlen, die dir guttun ...

1 Minute Pause ...

Aufwachen: Erfüllt von dem Gefühl der Ruhe und der Wärme beenden wir unsere Reise an den Atlantischen Ozean und kommen mit unseren Gedanken wieder zurück – zurück in unseren Yogaraum.
Nehmt eure Arme nach oben, rekelt und streckt euch, wenn ihr möchtet, gähnt und kommt dann über die Seite langsam zum Sitzen.

Erzählrunde mit Erzählstein: Wie fühlt ihr euch? Wie hat euch die Geschichte gefallen?

Fazit: Jeder von uns hat etwas anderes gefühlt und erlebt – denn jeder von uns denkt anders, und das ist gut so.

Abschlussrunde: Energiekreis mit Händedruck nach rechts – Namasté

Wir entdecken den Weltraum

Asanas: **Schmetterling, Affe, Sonne, Mond, Sterne**

Begrüßung: Energiekreis mit Händedruck nach links – Namasté – Aufwärmspiel

Einstieg in die Fantasiegeschichte: Wir begleiten Micha und Lena in den Weltraum.

Erzählung der Geschichte:

Wir dürfen heute mit Micha und Lena mit der Rakete zur Raumstation fliegen. Die Rakete startet. Es geht los.

1 Start der Rakete mit Stampfen, auf die Knie patschen, in die Hände klatschen usw.

In der Raumstation angekommen, steigen wir aus. Es ist alles sehr unheimlich hier. Ganz anders als auf der Erde. Mit einem Zauberteppich geht unsere Reise weiter ins Weltall. Auf unser Rufen „La, Le, Li, Lo, Lei, Zauberteppich komm herbei“ kommt der Teppich herbeigeflogen und wir steigen ein. Wir fliegen ins Weltall. Plötzlich entdecken wir den Planeten der Schmetterlinge. Wir steuern auf ihn zu und steigen aus. Viele Schmetterlinge schwirren mit ihren wunderschönen farbigen Flügeln umher. Ein lila Schmetterling mit großen Flügeln begrüßt uns und nickt uns zu.

2 Schmetterling – *mehrmals wiederholen; mit dem Lied „Schmetterling, du kleines Ding“ macht die Übung noch mehr Spaß.*

Doch wir wollen weiter zum nächsten Planeten und rufen unseren Zauberteppich herbei: „La, Le, Li, Lo, Lei, Zauberteppich komm herbei.“ Einsteigen, Platz nehmen, und es geht weiter durch den Weltraum. Da entdecken wir den Planeten der Affen. Wir steuern auf ihn zu und steigen aus. Eine große Affenfamilie kommt uns entgegen. Sie begrüßt uns mit einem laut kreischenden „Aaah“ und winkt uns zu.

3 **Affe** – *mit Wechsel des Standbeines*

Unser Zwischenstopp dauert nicht sehr lange. Wir rufen unseren Zauberteppich zur Weiterfahrt: „La, Le, Li, Lo, Lei, Zauberteppich, komm herbei.“ Wir schweben weiter durch den Weltraum. Es ist sehr dunkel hier. Die Sonne ist weit entfernt.

4 **Sonne**

Auch der Mond ist nicht zu sehen.

5 **Mond**

Ein paar Sterne und kleine Planeten sind sichtbar.

6 **Sterne**

Wir entscheiden uns für den Rückflug zu unserer Raumstation. Unser Zauberteppich kennt den Weg. Auf ihn können wir uns verlassen. Auf der Raumstation angekommen, steigen wir wieder in unsere Rakete ein, und mit lauten Startgeräuschen geht es wieder zurück zu unserem schönsten Planeten, der Erde.

Start der Rakete mit Stampfen, auf die Knie patschen, in die Hände klatschen usw.

Entspannungsgeschichte: Du liegst ganz entspannt mit deinem Rücken auf der Matte, legst deine Arme neben den Körper, lässt deine Beine ganz locker nach außen fallen und schließt deine Augen, wenn du möchtest. Stell dir vor, du liegst in deinem Zimmer und kannst nicht schlafen. Du öffnest dein Fenster und siehst den Nachthimmel über dir. Heute ist eine klare Nacht. Du siehst den Mond und kannst bei genauem Hinschauen sein Gesicht erkennen. Viele kleine Sterne haben sich zu einer langen weißen Straße am dunklen Himmel zusammengefunden. Man nennt sie Milchstraße, sie ist nur an klaren Nächten am Himmel zu sehen. Du erkennst einen Fixstern, der überaus hell aufleuchtet und im Dunkeln glitzert. Je länger du hoch zum Nachthimmel schaust, umso deutlicher kannst du auch den Großen Wagen mit seiner Deichsel erkennen. Bezaubernd, dieser Nachthimmel, und wie geheimnisvoll ist der ganze Weltraum! Ohne Anfang und Ende!
Du stehst ganz ruhig und fasziniert am Fenster. Jetzt suchst du dir deinen Stern. Es ist der Fixstern, der am schönsten glitzert. Das ist dein Stern, du schaust ihn ganz lange an und sagst ihm deinen Wunsch. Wird er in Erfüllung gehen? Du bist sehr glücklich, mit deinem Stern ein Geheimnis zu haben, und wirst ihn jederzeit am Nachthimmel wiederfinden, weil er der schönste strahlende Stern ist, dein Stern.

1 Minute Pause ...

Aufwachen: Erfüllt von dem Gefühl der Ruhe beenden wir unsere Reise in den Weltraum und kommen mit unseren Gedanken wieder zurück, zurück in unseren Yogaraum.

Nehmt eure Arme nach oben, rekelt und streckt euch, wenn ihr möchtet, gähnt und kommt dann über die Seite langsam zum Sitzen.

Erzählrunde mit Erzählstein: Wie fühlt ihr euch? Wie hat euch die Geschichte gefallen?

Fazit: Jeder von uns hat etwas anderes gefühlt und erlebt – denn jeder von uns denkt anders, und das ist gut so.

Abschlussrunde: Energiekreis mit Händedruck nach rechts – Namasté

Safariabenteuer in Afrika

Asanas: Sonne, Himmel, Vogel, Baum, Elefant, Löwe, Affe, Giraffe, Kobra, Heuschrecke

Begrüßung: Energiekreis mit Händedruck nach links – Namasté – Aufwärmspiel

Einstieg in die Geschichte: Heute machen wir einen Ausflug nach Afrika. Bitte alle ins Flugzeug einsteigen.

Erzählung der Geschichte:

Flugbewegungen mit den Armen

Afrika in Sicht! Wir sind gelandet und in einen Jeep umgestiegen. Von hier aus können wir die Tiere ganz gut beobachten.

Es geht los! Die Sonne brennt heiß vom Himmel.

1 Sonne

2 Himmel

Die Vögel haben auf den Ästen eines kleinen Baumes unter den wenigen Blättern Schatten gesucht.

3 Vogel

4 Baum

Da, ein lautes „Trärääá" erschreckt uns. Die Erde bebt. Eine Elefantenfamilie läuft uns über den Weg. Ganz gemütlich trotten sie vor unserem Jeep auf dem staubigen Weg hintereinander her. Der Elefantenvater stampft mit seinem riesigen Körper voraus, und unter dem Bauch der Elefantenmutter sucht das kleine süße Elefantenbaby Schutz. Es hat gerade laufen gelernt und schaut neugierig zu uns herüber. Ich meine, es hat uns eben sogar mit dem linken Auge zugezwinkert.

5 Elefant

Wir fahren langsam weiter und sind ganz leise und aufgeregt. Wir trauen unseren Augen nicht. Hinter einem Gebüsch hat sich ein großes Tier bewegt. Ein Löwe schleicht durch das Gestrüpp. Sein mächtiger Körper sagt uns: Er ist der König der Tiere. Ganz langsam reißt er sein großes Maul auf und gähnt, bevor er sich zum Schlafen in den Schatten legt. Nicht weit weg tollen zwei Löwenkinder miteinander. Sie necken sich, spielen Verstecken und hüpfen verspielt hin und her. Sie sind zu goldig und sehen wie Plüschtiere aus. Doch hier in Afrika leben sie wirklich und wir können sie vom Jeep aus sehr gut beobachten.

6 Löwe

Auf der rechten Seite des Weges werden wir mit einem lautkreischenden „Aaaaah“ begrüßt. Der Affenchef winkt uns zu. Er möchte uns seine Affenhorde zeigen.

7 Affe

Doch wir dürfen den Jeep nicht verlassen. Wir winken und es geht weiter. Schon von Weitem sehen wir die Giraffen. Sie erreichen mit ihren langen Hälsen die obersten, saftigsten Blätter und schmatzen und kauen gemütlich vor sich hin. Ihre freundlichen Gesichter schauen uns an. Bei jedem ihrer großen Schritte mit ihren langen dünnen Beinen nicken sie uns zu.

8 Giraffe

Ein dickes Knäuel hat sich um den Baum gewickelt. Es ist eine Schlange, die sich ein Mittagsschläfchen erlaubt und tief und fest schläft.

9 Kobra

Ein kleiner Schwarm Heuschrecken überholt uns. Vielleicht suchen sie auch ein paar Grasbüschel im Schatten, wo sie sich niederlassen können.

10 Heuschrecke

Doch schon bald geht ein aufregender Safaritag zu Ende. Der Affenchef winkt uns mit einem lauten „Aaaah" zu und meint damit: „Vielleicht kommt ihr mal wieder!" Wir fliegen nach Hause.

Entspannungsgeschichte: Du liegst bequem und entspannt auf deiner Yogamatte. Du hast deine Arme neben dem Körper liegen, deine Füße fallen locker nach außen. Dein Kopf liegt ganz ruhig. Wenn du möchtest, schließe deine Augen. Stell dir vor, du bist der Löwenvater oder die Löwenmutter in unserer Geschichte. Du liegst im Schatten eines Baumes müde und schwer auf der staubigen Erde. Der Boden ist warm und trägt dich. Du liegst ganz ruhig. Du bist ein Löwe, der das gut kann. Nur der Atem lässt deinen schweren Körper sich ein wenig bewegen. Du bist ganz ruhig und entspannt. Du bist kräftig und stark. Du bist der König der Tiere. Du liegst fast bewegungslos da und träumst vor dich hin. Du weißt, du bist der Stärkste und kein Tier kann dich besiegen. Jetzt legst du deinen Kopf langsam auf die warme Erde, gähnst mit weit aufgerissenem Maul, schließt deine Augen und schläfst ein.

1 Minute Pause

Aufwachen: Erfüllt von dem Gefühl der Ruhe und des Wohlseins beenden wir unser Safariabenteuer und kommen mit unseren Gedanken zurück, zurück in unseren Yogaraum.
Nehmt die Arme nach oben, rekelt und streckt euch, wenn ihr möchtet, gähnt und kommt dann über die Seite langsam zum Sitzen.

Erzählrunde mit Erzählstein: Wie fühlt ihr euch? Wie hat euch die Geschichte gefallen? Wie habt ihr euch bei der Entspannungsgeschichte gefühlt?

Fazit: Jeder von uns hat etwas anderes gefühlt und erlebt – denn jeder von uns denkt anders, und das ist gut so.

Abschlussrunde: Energiekreis mit Händedruck nach rechts – Namasté

Frieda und die Wiesenparty

Asanas: Maus, Schmetterling, Kobra, Frosch, Katze, Vogel, Baum

Begrüßung: Energiekreis mit Händedruck nach links – Namasté – Aufwärmspiel

Einstieg in die Geschichte: Die folgende Geschichte erzählt von Frieda, einer kleinen Maus, die viele Freunde findet.

Erzählung der Geschichte:

Die kleine Frieda liegt in ihrer Mausehöhle und schläft. Ein Sonnenstrahl dringt in das Mauseloch, kitzelt sie an der Nase und weckt sie auf. Sie reckt und streckt sich, krabbelt langsam aus der Mausehöhle heraus und kommt auf eine wunderschöne Wiese.

1 Maus

Das Gras ist noch feucht vom Morgentau. Sie läuft langsam und vorsichtig. Sie putzt sich ihr feuchtes Fell.

Laufen auf der Matte

Plötzlich hört sie eine Stimme und schaut nach oben. Nino, ein wunderschöner Schmetterling, begrüßt sie. „Hallo Frieda, was für ein schöner Tag. Konntest du auch nicht mehr schlafen?" – „Ja, ein Sonnenstrahl hat mich geweckt und jetzt möchte ich zum Teich, meine Freunde, die Frösche Fritz und Franz, besuchen. Kommst du mit?" – „Gerne", sagt Nino und fliegt der Maus voraus.

2 Schmetterling – *mehrmals wiederholen; mit dem Lied „Schmetterling, du kleines Ding" macht die Übung noch mehr Spaß.*

Plötzlich ruft Nino: „Frieda, pass auf, die Schlange Berta ist unterwegs und rekelt sich im feuchten Gras!"

Berta hat zugehört und regt sich auf: „Nicht mal seine Morgengymnastik kann man machen, ohne gestört zu werden. Ich bin gestern den ganzen Tag in der Sonne gelegen. Da muss ich mich heute mehr bewegen. Das feuchte Gras ist ja ein Traum. Herrlich!"

3 Kobra

Berta verschwindet im Gras und Frieda und Nino erreichen langsam den Teich. Dort sitzen die Frösche Fritz und Franz schon am Rand des Teiches und quaken um die Wette: „Was ist denn das heute früh für ein Lärm auf der Wiese? Da kann man ja nicht schlafen." Doch als sie Fred und Nino erblicken, freuen sie sich.

4 Frosch – *als Partnerübung: Zwei Kinder stehen sich gegenüber, fassen sich an den Händen und gehen langsam, sich gegenseitig an den Händen stützend, in die Hocke.*

Frieda beschließt, weiter zum Apfelbaum zu gehen. Unterwegs trifft sie die Katze Minka – nicht gerade eine gute Freundin von Frieda. Sie schläft im Gras und will ihre Ruhe haben.

5 Katze

Auf dem Baum zwitschern viele Vögel.

6 Vogel

Frieda ist am Apfelbaum angekommen.

7 Baum

Plötzlich bemerkt sie, dass ihr all ihre Freunde gefolgt sind. Der Schmetterling Nino, die Schlange Berta, die Frösche Fritz und Franz. Selbst die Katze Minka hat es sich nicht nehmen lassen, den Nachmittag mit ihren Freunden zu verbringen. „Toll, jetzt feiern wir eine Wiesenparty", sagt Frieda und bleibt mit ihren Freunden den ganzen Nachmittag auf der Wiese unter dem Apfelbaum. Müde und zufrieden läuft sie am Abend wieder in ihre Höhle zurück, schlüpft in ihr Mauseloch, denkt an den schönen Tag und schläft sofort auf ihrem weich gepolsterten Plätzchen ein.

Entspannungsgeschichte: Du liegst entspannt auf deiner Yogamatte. Du ruhst auf deinem Rücken und hast deine Arme ruhig neben deinem Körper liegen. Die Beine sind ausgestreckt, die Füße lässt du locker nach außen fallen.
Stell dir vor, du liegst auf einer wunderschönen Wiese. Die Sonne scheint warm auf deinen Körper. Der Duft der Wiesenblumen schwebt in der Luft, die du ganz ruhig ein- und ausatmest. Du liegst ganz bequem und entspannt auf dem Gras. Du schließt deine Augen. Jetzt spürst du die Wärme der Sonnenstrahlen noch mehr und wirst ganz müde. Plötzlich setzt sich ein Schmetterling auf deine Stirn. Du liegst ganz ruhig und spürst die zarten Füßchen auf deiner Haut. Du bewegst dich nicht. Nach einer kurzen Weile fliegt der Schmetterling auf deinen

rechten Handrücken. Du darfst die Hand nicht bewegen, sonst erschrickt er und fliegt davon. Plötzlich spürst du den Schmetterling auf deiner Nasenspitze. Das kitzelt ein wenig. Doch du bleibst ganz ruhig und entspannt liegen. Du willst ihn ja nicht erschrecken. Der Schmetterling fühlt sich bei dir wohl. Er fliegt hoch und landet auf deinem linken Knie. Du bleibst ganz ruhig liegen. Nach einer kleinen Weile fliegt er hoch und landet schließlich auf deiner rechten Zehenspitze. Du fühlst noch ein winziges Kitzeln auf deinem Zeh und schon fliegt der Schmetterling davon.

1 Minute Pause

Aufwachen: Erfüllt von dem Gefühl der Ruhe und des Wohlseins beenden wir unsere Wiesenparty-Geschichte und kommen mit unseren Gedanken zurück, zurück in unseren Yogaraum.
Nehmt die Arme nach oben, rekelt und streckt euch, wenn ihr möchtet, gähnt und kommt dann über die Seite langsam zum Sitzen.

Erzählrunde mit Erzählstein: Wie fühlt ihr euch? Wie hat euch die Geschichte gefallen?

Fazit: Jeder von uns hat etwas anderes gefühlt und erlebt – denn jeder von uns denkt anders, und das ist gut so.

Abschlussrunde: Energiekreis mit Händedruck nach rechts – Namasté

Spielplatzabenteuer

Asanas: Hund, Baum, Vogel, Katze, Schmetterling, Blume, Maus, Baby

Begrüßung: Energiekreis mit Händedruck nach links – Namasté – Aufwärmspiel

Einstieg in die Geschichte: Hans, der kleine Nachbarsjunge, darf heute das erste Mal alleine auf den Spielplatz gehen. Er ist sehr aufgeregt und sehr neugierig.

Erzählung der Geschichte:

Laufen auf der Matte

Nur noch eine Straße entlang und dann ist er schon angekommen. Doch welch eine Überraschung: Niemand ist zu sehen. Nur ein kleiner Hund hat sich unter dem Kletterhaus niedergelassen und legt sich zum Mittagsschläfchen in den Sand.

1 Hund

Hans setzt sich in die Schaukel und schaut sich dabei aufmerksam um. Auf einem Baum sitzt ein Vogel und zwitschert in den lautesten Tönen vor sich hin.

2 Baum

3 Vogel

Hinter dem Klettergerüst sieht Hans eine junge Katze, die ganz vorsichtig herangeschlichen kommt. Sie macht einen großen Bogen um den Hund, der gerade eingeschlafen ist. Plötzlich hört der Vogel auf zu singen und fliegt rasch davon. Er hat die Katze entdeckt und sofort die Flucht ergriffen.

4 Katze

Hans schaukelt ganz hoch und hätte beinahe mit seinem rechten Fuß einen Schmetterling berührt.

5 Schmetterling

Der flattert entspannt vor Hans hin und her und setzt sich zum Ausruhen auf eine Blume. Sie ist wunderschön und entfaltet ihre Blätter mit besonderer Pracht.

6 Blume

Plötzlich hört Hans neben sich ein leises Geräusch am Boden. Eine Maus kommt gerade aus ihrem Mauseloch gekrochen, die kleinen Äuglein blinzeln in der Sonne. Sie bemerkt Hans und – schwuppdiwupp – ist sie wieder in ihrem Mauseloch verschwunden.

7 Maus

Was für ein Treiben hier! Hans ist ganz glücklich, so vieles entdeckt zu haben. Da kommt eine Mutter mit ihren zwei Kindern auf den Spielplatz. Sie hat ihr Baby in ein Tragetuch eingewickelt und trägt es auf ihrem Bauch. Das Baby schläft tief und fest.

8 Baby

Die große Schwester kommt zu Hans gelaufen. „Ich bin Suse, und wie heißt du?“ – „Hans“, sagt er und springt von der Schaukel. – „Kommst du mit zur Rutschbahn? Wir können zusammen spielen!“ – „Gerne!“ Hans freut sich über die Einladung von Suse. Wow, welch spannender Besuch auf dem Spielplatz!

Entspannungsgeschichte – Pizzamassage:

Erst wird der Pizzateig durchgeknetet. Ein Kind ist Pizzabäcker und massiert mit beiden Händen den Rücken des Partnerkindes, das bequem mit Unterlage auf dem Bauch liegt.

Nun bestreichen wir den Teig mit Tomatensoße. Das Pizzabäckerkind streicht mit den Händen über den Rücken des Partnerkindes, von den Schultern bis zur Hüfte.

Champignons kommen auf den Teig. Der Pizzabäcker drückt abwechselnd den rechten und den linken Daumen leicht auf den Rücken.

Wir belegen den Teig mit Paprikastreifen. Das Pizzabäckerkind streicht mit beiden Zeigefingern über den Rücken.

Geriebener Käse kommt auf den Teig. Alle Fingerspitzen trommeln leicht auf den Rücken.

Jetzt kommt die Pizza in den Backofen. Hände fest aneinanderreiben, bis sie warm sind, und auf den Rücken legen.

Die Pizza ist fertig und darf gegessen werden. Der Pizzabäcker beendet mit zwei Fingern und vorsichtigen Zupfbewegungen die Pizzamassage.

Erzählrunde mit Erzählstein: Wie fühlt ihr euch? Wie hat euch die Geschichte gefallen? Welches Asana hat euch am besten gefallen?

Fazit: Jeder von uns hat etwas anderes gefühlt und erlebt – denn jeder von uns denkt anders, und das ist gut so.

Abschlussrunde: Energiekreis mit Händedruck nach rechts – Namasté

Der Storch Adebar

Asanas: Storch, Maus, Himmel, Schmetterling, Schnecke, Hummel, Blume, Baum, Frosch

Begrüßung: Energiekreis mit Händedruck nach links – Namasté – Aufwärmspiel

Einstieg in die Geschichte: Heute lernen wir den Storch Adebar kennen. Er wohnt mit seiner Störchin und seinen beiden Kindern auf einem Turmhäuschen in einem großen Park. Dort hat er sein Nest, und alle fühlen sich wohl ...

Erzählung der Geschichte:

Adebar möchte heute eine kleine Reise in die Rheinauen machen. Dort kennt er viele Störche, mit denen er befreundet ist.

1 Storch – *mit Standbein rechts und links*

Adebar verlässt seine Familie und fliegt mit seinen weit ausgebreiteten Flügeln über den Park und über die vielen Häuser seiner Stadt. Bald erreicht er seine Freunde, die gerade auf einem gemähten Stoppelacker beschäftigt sind, Regenwürmer zu suchen oder eine andere Mahlzeit zu erhaschen.
Adebar möchte sich nach dem langen Flug ausruhen und landet auf einem großen aufgerollten Strohballen, den der Bauer mit seiner Mähmaschine für den Winter vorbereitet hat. Zwei seiner Freunde, die sich ein wenig entfernt von Adebar befinden, haben sich ebenfalls einen großen Ballen ausgesucht. Sie begrüßen einander und nicken sich gegenseitig zu. Sehr graziös stehen alle drei Störche da und können von hier aus alles, was passiert, sehr gut beobachten.
Eine kleine Feldmaus ist vorsichtig aus ihrem Mauseloch herausgekrochen, um ein paar Körner in ihr Zuhause zu holen.

2 **Maus**

Sie fürchtet sich vor den Störchen, und husch – ist sie wieder in ihrem Mauseloch verschwunden.
Der Himmel ist strahlend blau.

3 **Himmel**

Die Sonne schickt ihre Sonnenstrahlen zur Erde und lässt das Gelb der Zitronenfalter besonders leuchten.

4 **Schmetterling** – *mehrmals wiederholen; mit dem Lied „Schmetterling, du kleines Ding“ macht die Übung noch mehr Spaß.*

Eine kleine Schnecke kriecht langsam mit ihrem graubraunen Häuschen zwischen den Stoppeln hindurch. Die abgemähten Halme wirken auf sie wie mächtige hohe Stämme, die zum Himmel ragen.

5 **Schnecke** – *regelmäßig atmen*

Adebar steht auf seinem Strohballen ganz aufrecht und beobachtet eine Hummel, die sich gerade auf einer Mohnblume niedergelassen hat.

6 **Hummel**

7 **Blume**

Nun möchte Adebar vor seiner Rückkehr in die Stadt noch zum Fluss fliegen. Er nickt seinen beiden Freunden zu, schwingt seine Flügel und fliegt los. Am Ufer des Flusses stehen viele alte Bäume. Manche lassen ihre Äste bis ins Wasser hängen. Ihre dicken, großen Wurzeln sind von den Wellen des Flusses freigespült worden und zeigen, wie mächtig und stark sie sind.

8 Baum

Adebar hält Ausschau nach einer Mahlzeit. Er hat sich am Ufer des Flusses niedergelassen, um nach einem Frosch zu suchen.

9 Frosch

Er hat Glück. Satt und zufrieden erhebt er seine mächtigen Flügel und startet seine Heimreise. Für seine Familie findet er auch noch ein paar Frösche, die er in einem Gartenteich unterwegs schnappen kann, und er weiß, dass er bestimmt bald wieder in die schöne Flusslandschaft zurückkehren wird.

Entspannungsgeschichte: Stell dir vor, du liegst auf einer Wiese im Schatten eines großen Baumes. Du schaust zum Himmel und siehst viele silberne Blätter, die sich leicht im Wind bewegen. Die Sonnenstrahlen lassen die Blätter noch silbriger, noch glänzender erscheinen. Wenn du möchtest, schließe deine Augen. Du liegst ganz entspannt da. Du hörst die vielen Geräusche der Natur: das leise Rauschen der Blätter – das fröhliche Singen eines Vogels – das sanfte Rascheln des Laubes neben dir – das laute Krächzen einer Krähe. Du kannst alles gut hören, weil du ganz entspannt und ruhig liegst. Plötzlich hörst du das Flügelschlagen und Geschnatter einiger Wildgänse, die genau über dir hinwegfliegen. Ihre Geräusche unterbrechen die Stille der Natur, in der du dich gerade befindest. Jetzt ist es wieder ganz still geworden. Du liegst ganz ruhig und entspannt. Du spürst die Schwere deines Körpers, deiner Arme und Beine, deines Kopfes ...

1 Minute Pause ...

Aufwachen: Erfüllt von dem Gefühl der Ruhe und des Wohlseins beenden wir unsere Reise in die Rheinauen und kommen mit unseren Gedanken wieder zurück, zurück in unseren Yogaraum.
Nehmt die Arme nach oben, rekelt und streckt euch wenn ihr möchtet, öffnet eure Augen, gähnt und kommt dann über die Seite langsam zum Sitzen.

Erzählrunde mit Erzählstein: Wie fühlt ihr euch? Wie hat euch die Geschichte gefallen?

Fazit: Jeder von uns hat etwas anderes gefühlt und erlebt – denn jeder von uns denkt anders, und das ist gut so.

Abschlussrunde: Energiekreis mit Händedruck nach rechts – Namasté

Unser Garten im Herbst

Asanas: **Igel, Sonne, Himmel, Vogel, Baum, Kobra, Schmetterling, Hund, Katze**

Begrüßung: Energiekreis mit Händedruck nach links – Namasté – Aufwärmspiel

Einstieg in die Geschichte: Es ist Herbst und überall fallen Blätter von den Bäumen. Was in einem kleinen Garten im Herbst alles passieren kann, erfahren wir in der folgenden Geschichte.

Erzählung der Geschichte:

In unserem Garten hinterm Haus hat sich in der Gartenecke viel Laub angesammelt. Eine Igelfamilie hat sich darunter ein gemütliches Zuhause eingerichtet. Bequem liegen der Igelpapa, die Igelmama und zwei kleine Igelkinder auf dem weich gepolsterten Laub und schlafen.

1 Igel

Der Garten ist voll von herabgefallenen Blättern und die Sonne hat die Kraft des Sommers verloren.

2 Sonne

Der Himmel ist grau und zeigt dunkle Wolken. Bald wird es anfangen zu regnen.

3 Himmel

Im Garten ist es sehr still geworden. Zwei Vögel haben sich im Birnbaum niedergelassen und zwitschern sich die neuesten Nachrichten zu.

4 Vogel

5 Baum

Eine Blindschleiche schlängelt sich zum Komposthaufen und versucht, dort etwas Genießbares zu finden.

6 Kobra

Der Schmetterlingsstrauch ist schon verblüht und lockt keine Schmetterlinge mehr an.

7 Schmetterling – *mehrmals wiederholen, mit dem Lied „Schmetterling, du kleines Ding" macht die Übung noch mehr Spaß.*

Strolchi, der kleine Hund, kommt in den Garten gesprungen. Sein Herrchen soll mit ihm Gassi gehen. Er läuft eine Runde im Garten und schaut sich um. Keiner ist da, der ihm einen Ball zuwirft und mit ihm im Garten herumtollt. Er hört auf das Pfeifen seines Herrchens und folgt ihm auf die Straße.

8 Hund

Eine schwarze Katze kommt aus dem Nachbarsgarten über den Zaun gesprungen. Nur ein leichtes Rascheln ist bei ihrem Aufsprung zu hören.

9 Katze

Doch dies hat schon gereicht, um den Igelvater aufzuwecken. Sein stacheliger Körper berührt auch die Igelmutter und die Igelkinder, die sofort wach werden.

Erst jetzt merken sie, dass sie sehr hungrig sind. Und los geht's durch den Garten auf Nahrungssuche. Der Igelvater voraus, die Igelmutter hinterher, und die kleinen Igelkinder mit ihren kleinen Füßchen müssen ihnen schnell nachlaufen, um ihre Eltern nicht zu verlieren.

Entspannungsgeschichte – Massage mit dem Igelball: Passend zur Yogageschichte massiert jedes Kind seinen Partner mit dem Igelball. Ein Kind liegt auf dem Bauch und das Partnerkind rollt den Igelball sanft über den Rücken. Dabei achtet es auf die Wirbelsäule, die wir nicht massieren. Der/die Erzieher*in begleitet die Kinder und weist sie auf die Körperteile hin, die abwechselnd mit leichtem und festerem Druck mit dem Igelball massiert werden. Die Massage kann sehr gut auch im Sitzen durchgeführt werden.

Erzählrunde mit Erzählstein: Wie fühlt ihr euch? Wie hat euch die Geschichte gefallen? Welches Asana hat euch am besten gefallen?

Fazit: Jeder von euch hat etwas anderes gefühlt und erlebt – denn jeder von uns denkt anders, und das ist gut so.

Abschlussrunde: Energiekreis mit Händedruck nach rechts – Namasté

Der Esel Pablo

Asanas: Esel, Baum, Schmetterling, Biene, Vogel, Sonne, Himmel, Maus, Schnecke

Begrüßung: Energiekreis mit Händedruck nach links – Namasté – Aufwärmspiel

Einstieg in die Geschichte: Pablo, ein Esel, lebt auf einer Finca, einem Bauernhof, inmitten einer großen Olivenplantage.

Erzählung der Geschichte:

1 Esel

Pablo fühlt sich inmitten der alten knorrigen Olivenbäume sehr wohl.

2 Baum

Er lebt schon lange hier. Sein Herrchen, Senior Carlos, besitzt eine große Olivenplantage. Das ist ein großer Garten mit ganz vielen Olivenbäumen. Er ist froh, den Esel Pablo zu besitzen. Er kann ihm helfen, schwere Lasten ins Dorf hinunterzutragen. Im Garten leben viele Tiere. Schmetterlinge flattern durch die Äste der Bäume.

3 Schmetterling

Bienen suchen in den Lavendelblüten, die unter den Bäumen wachsen, Nektar und Blütenstaub.

4 Biene

Vögel suchen in den Ästen ihre Nahrung. Carlos sieht es nicht gerne, wenn sie in den Olivenbäumen sitzen und die heranwachsenden Oliven anpicken. Er hat ein paar große Vogelscheuchen aufgestellt, um die Vögel zu vertreiben.

5 Vogel

Besonders in der Zeit der Olivenernte ist immer große Aufregung auf der Finca. Es kommen jedes Jahr Freunde zu Carlos. Sie helfen, die reifen Oliven zu ernten. Es ist wie ein großes Fest. Das gefällt Pablo. Er schaut ihnen gerne zu, wenn sie mit ihren langen Stöcken die Oliven von den Ästen und Zweigen herunterschütteln. Unter jedem Baum liegen aufgespannte Fallschirme, die den Boden unter dem Olivenbaum bedecken. Alle Oliven, die herunterfallen, müssen so nicht mühsam auf der Erde zwischen den Grashalmen eingesammelt werden. Es ist ein Leichtes, die Oliven auf der glatten Fläche der Fallschirme einzusammeln und sie in Säcke zu füllen. Und jetzt kommt die wichtigste Aufgabe im Jahr für Pablo: Er darf die Säcke ins Dorf zur Mühle tragen.
Heute ist es wieder so weit. Pablo läuft den schmalen Pfad hinunter ins Dorf. Carlos hat ihm Säcke mit Oliven aufgeladen. Er hält Pablo an den Zügeln und hilft ihm, auf dem Weg zu bleiben. Die Sonne brennt heiß vom Himmel.

6 Sonne

7 Himmel

Pablo schaut zu Boden. Der Pfad ist schmal, und er muss aufpassen, dass er nicht danebentritt. Er sieht eine kleine Feldmaus, die sich im Gestrüpp versteckt.

8 Maus

Eine kleine Schnecke bemüht sich am Rande des Pfades, mit ihrem Schneckenhäuschen vorwärtszukommen.

9 Schnecke

Pablo schaut ins Tal und kann schon die weißen Häuser des Dorfes sehen. Am Eingang des Dorfes steht die Mühle. Jetzt haben sie es nicht mehr weit. In der Mühle angekommen, werden die schweren Säcke, die Pablo den Berg hinuntergetragen hat, abgeladen. Pablo ist erleichtert. Er kennt das Geräusch des Mühlsteins, der die Oliven zusammenpresst. Das gesunde Öl, das übrig bleibt, nimmt Carlos wieder mit auf die Finca. Pablo hat seine Arbeit gut gemacht und freut sich auf seinen Olivengarten. Heute Abend feiert Carlos mit seinen Freunden. Da geht es immer sehr, sehr lustig zu.

Entspannungsgeschichte – Pizzamassage:

Erst wird der Pizzateig durchgeknetet. Ein Kind ist Pizzabäcker und massiert mit beiden Händen den Rücken des Partnerkindes, das bequem mit Unterlage auf dem Bauch liegt.

Nun bestreichen wir den Teig mit Tomatensoße. Das Pizzabäckerkind streicht mit den Händen über den Rücken des Partnerkindes, von den Schultern bis zur Hüfte.

Champignons kommen auf den Teig. Der Pizzabäcker drückt abwechselnd den rechten und den linken Daumen leicht auf den Rücken.

Wir belegen den Teig mit Paprikastreifen. Das Pizzabäckerkind streicht mit beiden Zeigefingern über den Rücken.

Geriebener Käse kommt auf den Teig. Alle Fingerspitzen trommeln leicht auf den Rücken.

Jetzt kommt die Pizza in den Backofen: Hände fest aneinanderreiben, bis sie warm sind, und auf den Rücken legen.

Die Pizza ist fertig und darf gegessen werden. Der Pizzabäcker beendet mit zwei Fingern und vorsichtigen Zupfbewegungen die Pizzamassage.

Erzählrunde mit Erzählstein: Wie fühlt ihr euch? Wie hat euch die Geschichte gefallen? Welches Asana hat euch am besten gefallen?

Fazit: Jeder von uns hat etwas anderes gefühlt und erlebt – denn jeder von uns denkt anders, und das ist gut so.

Abschlussrunde: Energiekreis mit Händedruck nach rechts –Namasté

Die kleine Fee Violetta und der Sonnengruß

Asanas: Baum, Schmetterling, Hummel, Biene

Begrüßung: Energiekreis mit Händedruck nach links – Namasté – Aufwärmspiel

Einstieg in die Geschichte: In einer kleinen Waldlichtung im tiefen Odenwald lebt die Fee Violetta. Violetta fühlt sich unter den Blättern der Waldkräuter und Blaubeersträucher sehr wohl. Diese wachsen am Rande der Lichtung auf einer wunderschönen Wiese.

Erzählung der Geschichte:

Wenn die Sonnenstrahlen beim Sonnenaufgang durch die Tannenzweige auf die feuchte Wiese fallen, glitzert alles um die kleine Fee herum. Sie findet es zauberhaft auf ihrer Feenwiese – wie im Märchenwald.

1 Baum

Heute Morgen wurde die Fee Violetta von einem goldenen Sonnenstrahl geweckt.

2 Sonne

Sie hat auf dem großen Blatt gut geschlafen und reibt sich mit ihren zarten Fingerchen ihre kleinen Äuglein. Der Schmetterling Pfauenauge ist ebenfalls wach geworden. Er sitzt nicht weit entfernt von Violetta, regt seine Fühler und macht seinen ersten Flügelschlag.

3 Schmetterling

Ein leises Brummen und Summen ist in der Stille der Waldlichtung zu hören. Die Hummel Brummel und die Biene Emmy sind heute Morgen auch schon unterwegs und fliegen gemeinsam ihren Morgentanz in dem Glitzern der Sonnenstrahlen.

4 Hummel

5 Biene

Violetta fühlt sich auf der kleinen Wiese zwischen den Tannen sehr beschützt. Hier kann sie jeden Morgen in aller Stille ihren Sonnengruß ausführen, der sie für den ganzen Tag sehr glücklich macht.

An dieser Stelle kann der „kleine Sonnengruß" (s.u.) ergänzt werden.

Entspannungsgeschichte: Du liegst ganz bequem auf deiner Matte. Wenn du möchtest, schließe deine Augen. In Gedanken siehst du die Waldlichtung, das Zuhause von Fee Violetta. Ihr zarter Körper liegt federleicht auf der grünen Wiese. Die Wiesenblumen um sie herum duften berauschend. Sie liegt wie du ganz ruhig und fühlt die Wärme in ihrem Gesicht. Ihre goldenen Haare glitzern in der Sonne. Ihr zarter Körper empfängt die Sonnenstrahlen und ihr Feenherz schlägt gleichmäßig seinen Rhythmus; sie hat ein glückliches und wohliges Gefühl. Ihre warmen Arme und zarten Händchen liegen leicht auf dem Grasboden, Beine liegen wie im Federbett auf den Grashalmen. Sie liegt glücklich und entspannt da und genießt die warmen Sonnenstrahlen auf ihrem ganzen Körper.

1 Minute Pause …

Aufwachen: Erfüllt von dem Gefühl der Ruhe und des Wohlseins kommen wir mit unseren Gedanken zurück, zurück in unseren Yogaraum. Nehmt die Arme nach oben, rekelt und streckt euch, wenn ihr möchtet, gähnt und kommt dann über die Seite langsam zum Sitzen.

Erzählrunde mit Erzählstein: Wie fühlt ihr euch? Wie hat euch die Geschichte gefallen? Welches Asana hat euch am besten gefallen?

Fazit: Jeder von uns hat etwas anderes gefühlt und erlebt – denn jeder von uns denkt anders, und das ist gut so.

Abschlussrunde: Energiekreis mit Händedruck nach rechts –Namasté

Der kleine Sonnengruß

Der kleine Sonnengruß ist eine einfache Variante des Sonnengrußes, den man überall, auch im Freien, durchführen kann. Man braucht weder bestimmte Kleidung noch eine Matte oder Hilfsmaterial. Er ist besonders geeignet für Anfänger und kann auch als Einstimmung zur Yogastunde an den Anfang gesetzt werden. Da ist es ratsam, den Gruß langsam und nur einmal durchzuführen. Ansonsten kann man den kleinen Sonnengruß mehrere Male wiederholen. Das Ein- und Ausatmen begleitet unsere Übungen, das je nach Entwicklung und Altersstufe durchgeführt wird. Den kleinen Sonnengruß habe ich schon oft mit Kindern bei Waldspaziergängen oder im Kindergarten spontan durchgeführt. Er ist immer etwas Besonderes und Entspannendes.

EA = Einatmen – AA = Ausatmen

Beginnen wir:

1. EA und beim AA Hände wie bei Namasté vor der Brust zusammenlegen
2. EA Arme nach oben strecken, Kopf leicht nach hinten in den Nacken legen
3. AA Hände auf die Knie stützen, Knie leicht einbeugen
4. EA einen Ausfallschritt mit dem rechten Bein nach hinten machen. Dabei wird das Knie des linken Beines aus dem hüftbreiten Stand heraus circa 90 Grad angewinkelt, der vordere Fuß steht dabei mit seiner ganzen Fußsohle fest auf dem Boden, beide Hände bleiben auf dem vorderen linken Oberschenkel liegen.
5. AA Becken sanft sinken lassen, damit man die Dehnung spürt
6. EA Rechtes Bein wieder nach vorne nehmen, AA und Hände wieder vor der Brust zusammenlegen
7. Dieselbe Übung mit dem anderen Bein durchführen
8. AA stehen und mit ausgestreckten Armen nach vorne beugen, dabei Kopf und Oberkörper hängen lassen
9. EA aufrecht stehen und Arme nach oben strecken, Kopf leicht nach hinten in den Nacken legen
10. AA Arme vollständig sinken lassen
11. EA und beim AA Hände wie zu Beginn vor der Brust zusammenlegen

ABC der Yogastellungen

Affe

So geht's: Ausgangsposition ist der aufrechte Stand. Das Gewicht wird auf das linke Bein verlagert. Der rechte Arm geht waagrecht zur Seite, das rechte Bein wird nach vorne angewinkelt, die linke Hand liegt auf dem rechten Knie – Pause. Dann Wiederholung auf dem anderen Bein.

Wirkung: Fördert die Konzentration, schult das Gleichgewicht.

Baby

So geht's: Ausgangsposition ist der aufrechte Sitz. Die Beine liegen in V-Stellung schräg nach vorne gestreckt auf der Matte, der Rücken ist gerade. Das rechte Bein wird angewinkelt, der rechte Fuß wird über dem linken Knie mit der linken Hand von unten gehalten. Der rechte Arm schlüpft unter das rechte Knie und die rechte Hand hebt den Fuß ebenfalls. Der rechte Arm liegt im rechten Winkel. Das Bein wird nun einige Male wie eine Wiege

hin- und hergeschaukelt, der Rücken bleibt gerade – Pause. Rechtes Bein ablegen – Pause. Wiederholung mit dem anderen Bein.

Wirkung: Fördert die Beweglichkeit der Hüften.

Baum

So geht's: Ausgangsposition ist der aufrechte Stand. Gewicht auf das linke Bein verlagern. Rechtes Bein anheben und die rechte Fußsohle an die linke Innenseite des Oberschenkels legen. Die Arme gehen nach oben, die Hände werden über dem Kopf zur Baumkrone zusammengelegt. Wir stehen ruhig und gerade auf einem Bein. Dann Arme nach unten nehmen und Bein abstellen – Pause. Wiederholung mit dem anderen Bein.

Leichte Variante: Ausgangsposition wie oben. Der rechte Fuß wird auf den linken Fußrücken gestellt oder Füße bleiben parallel. Hände über dem Kopf zusammenlegen. Wiederholung mit dem anderen Bein.

Wirkung: Schult das Gleichgewicht, fördert die Konzentration, kräftigt Beine und Füße, führt zur innerlichen und äußerlichen Ruhe.

Biene

So geht's: Ausgangsposition ist der aufrechte Stand. Die Arme sind seitlich auf Schulterhöhe ausgebreitet, die Beine sind leicht gebeugt, der Oberkörper ist gestreckt und gerade nach vorne gebeugt. Wir summen wie eine Biene. Dabei werden Hände und Finger wie die Flügel einer Biene bewegt.

Wirkung: Dehnt und streckt den Körper, stärkt Beine und Rücken.

Blume

So geht's: Ausgangsposition ist der aufrechte Stand. Die Handflächen werden auf Brusthöhe kelchförmig und leicht geöffnet aneinandergelegt. Die Finger sind leicht gespreizt zu einer Blüte geformt. Die Atmung ist ruhig.

Wirkung: Schult die Aufmerksamkeit, kräftigt Hände und Finger.

Bogen

So geht's: Ausgangsposition ist die Bauchstellung. Die Beine sind angewinkelt, die Hände umfassen die Knöchel. Die Oberschenkel werden angespannt und angehoben. Kopf und Oberkörper gehen nach oben zur Bauchschaukel.

Wirkung: Stärkt den Rücken und den Bauch, dehnt den Brustkorb und fördert die Konzentration.

Boot

So geht's: Ausgangsposition ist der aufrechte Sitz. Die Beine werden angehoben, die Knie sind leicht gebeugt. Beine und Oberkörper sind im rechten Winkel. Die Arme werden parallel zum Boden nach vorne gestreckt und können wie Paddel bewegt werden. Rücken, Kopf und Nacken sind gerade. Die Atmung ist ruhig.

Wirkung: Stärkt Bauch, Beine, Po und Rücken, fördert die Verdauung, das Gleichgewicht und die Konzentration.

Brücke

So geht's: Ausgangsposition ist die Rückenlage. Die Beine werden angewinkelt, die Füße stehen hüftbreit dicht am Po auf der Matte. Die Arme liegen neben dem Körper, die Handflächen zeigen nach unten. Rücken und Po werden langsam nach oben gehoben, Oberschenkel und Oberkörper bilden eine Linie, die Schultern liegen auf der Matte, die Hände versuchen, die Knöchel zu umfassen – Pause und Halten. Danach Hände lösen und Po und Rücken wieder langsam auf die Matte legen.

Wirkung: Stärkt Oberschenkel- und Pomuskulatur, die Bauchatmung wird geübt.

Elefant

So geht's: Ausgangsposition ist der aufrechte Stand. Die Arme kreuzen, die untere Hand greift zur Nase, die rechte Hand bewegt sich wie ein Rüssel.

Wirkung: Fördert die Koordination.

Esel

So geht's: Ausgangsposition ist der Vierfüßlerstand. Die Hände liegen schulterbreit auf der Matte, die Knie sind beckenbreit aufgestellt. Der Po geht nach oben, die Beine werden gestreckt und aufgestellt. Abwechselnd wird ein Bein angehoben, der Fuß tritt in die Luft nach hinten aus wie bei einem Esel. Einatmen und „Iiiaaah“ rufen, dabei ausatmen.

Wirkung: Dehnt den ganzen Körper, lockert die Hüften, fördert die Atmung. Rücken nicht überstrecken und nicht in den Handstand kommen.

Fisch

So geht's: Ausgangsposition ist die Rückenlage. Die Beine liegen ausgesteckt und leicht gegrätscht auf der Matte. Hände unter dem Po, Handflächen zeigen nach unten. Ellenbogen und Becken werden fest auf die Matte gedrückt, der Brustkorb dehnt sich nach oben. Mehrmals in den Brustraum atmen, dann die Übung wieder langsam auflösen. Der Kopf darf nicht zu sehr überstreckt werden, die Übung nicht zu lange halten.

Wirkung: Dehnt den Brustbereich, die Bauchmuskeln und die Muskeln der Wirbelsäule.

Frosch

So geht's: Ausgangsposition ist die Hocke. Die Füße stehen leicht nach außen gegrätscht auf der Matte. Die Hände sind vor der Brust zusammengelegt und die Ellenbogen berühren die Innenseiten der Knie. Beim Aufrichten Körper und Arme nach oben strecken und quaken. Die Hände über den Kopf halten. Wieder zurück in die Hocke gehen. Die Übung mehrmals wiederholen.

Wirkung: Streckt den ganzen Körper, fördert das Gleichgewicht und die Konzentration.

Giraffe

So geht's: Ausgangsposition ist der aufrechte Stand. Der rechte Arm wird nach oben gestreckt, die rechte Hand ist über dem Kopf und bewegt sich langsam als Giraffenkopf nach links und nach rechts. Der linke Arm hängt locker nach unten. Danach Seitenwechsel.

Wirkung: Streckt und stärkt die Seitenmuskulatur.

Heuschrecke

So geht's: Ausgangsposition ist die Bauchlage. Die Arme liegen dicht am Körper, die Beine sind leicht gegrätscht, die Handrücken setzen am Boden auf. Kopf, Arme und Beine gleichzeitig anheben. Beine gestreckt lassen, der Kopf ist leicht nach hinten gebeugt, keine zu starke Dehnung der Halswirbel. Kopf, Arme und Beine wieder auf die Matte legen. Übung mehrmals wiederholen.

Leichte Variante: Die Arme lang nach vorne ablegen und mit den Beinen gemeinsam anheben.

Wirkung: Streckt den ganzen Körper, stärkt die Rückenmuskulatur.

Himmel

So geht's: Ausgangsposition ist der aufrechte Stand. Die Beine stehen nebeneinander auf der Matte und sind leicht gegrätscht. Die Arme werden ausgestreckt nach oben gehalten, die Hände sind im rechten Winkel nach hinten gelegt und tragen den „Himmel" – Pause. Die Arme wieder langsam nach unten nehmen.

Wirkung: Kräftigt und dehnt den ganzen Körper, kräftigt das Handgelenk.

Hummel

So geht's: Ausgangsposition ist der Schneidersitz. Die Arme sind auf Schulterhöhe zur Seite gestreckt, der Rücken ist gerade. Die Handflächen sind die Flügel und bewegen sich schnell auf und ab.

Wirkung: Streckt die Wirbelsäule, kräftigt den Rücken, die Arme, die Schultern und die Hände.

Hund

So geht's: Ausgangsposition ist der Vierfüßlerstand. Die Hände liegen schulterbreit, die Knie hüftbreit auf der Matte. Der Po wird nach oben gestreckt, die Knie sind gerade, der Kopf ist leicht angehoben – Pause und Halten – danach zurück in den Vierfüßlerstand gehen. Vorsicht bei Bluthochdruck, da der Hund eine Umkehrübung ist. Mehrmals wiederholen.

Wirkung: Stärkt Arme und Beine, dehnt Waden, Gesäß, Rücken, Schultern und Hände, fördert die Durchblutung.

Igel

So geht's: Ausgangsposition ist der Fersensitz. Beide Hände liegen am Körper auf der Matte, die Handflächen schauen nach oben. Kopf und Rumpf werden langsam zum Rundrücken nach vorne gebeugt. Beide Hände werden als Stacheln fächerartig über dem unteren Rücken nach oben gehalten – Bauchatmung.

Wirkung: Entspannt Rücken, Zwerchfell, Nacken und Schultern, massiert die Bauchorgane, der Kopf wird durchblutet.

Indianer, Held, Krieger

So geht's: Ausgangsposition ist die Schrittstellung. Das rechte Bein ist leicht angewinkelt nach vorne gestreckt, das linke Bein nach hinten. Die Arme sind parallel zu den Beinen nach vorn und hinten gestreckt, der Kopf schaut nach vorn. Der Blick ist stolz und heldenhaft geradeaus gerichtet, der Rücken ist gerade – Stehen und Halten – Schrittstellung auflösen und Seitenwechsel.

Wirkung: Öffnet den Brustkorb und dehnt die Gesamtmuskulatur, besonders die Oberschenkel. Fördert das Gleichgewicht, die Konzentration und das Selbstbewusstsein.

Katze

So geht's: Ausgangsposition ist der Vierfüßlerstand. Die Hände liegen schulterbreit, die Knie hüftbreit auf der Matte. Variationen:

Biegsame Katze: Der Rücken geht als Katzenbuckel nach oben, der Kopf leicht nach unten – Pause und Halten. Der Bauch geht Richtung Boden in die entgegengesetzte Haltung, der Kopf geht leicht nach oben.

Schleckende Katze: Fersensitz. Die Arme sind nach vorne gestreckt und liegen auf der Matte. Der Oberkörper bewegt sich wie eine schleckende Katze nach vorne. Übung öfter wiederholen.

Zirkuskatze: Das rechte Bein wird aus dem Vierfüßlerstand in die Verlängerung gestreckt, danach das Knie anziehen und zur Nase führen.

Wirkung: Entwickelt Kraft in der Rückenmuskulatur, stärkt Gesäß-, Arm-, Nacken- und Schultermuskeln.

Kobra

So geht's: Ausgangsposition ist die Bauchlage. Die Beine sind gestreckt, die Füße drücken mit dem Fußrücken auf die Matte. Die Hände liegen schulterbreit auf Brusthöhe, die Ellenbogen sind am Körper, die Stirn liegt auf der Matte. Langsam die Hände fest auf die Matte drücken, Kopf und Oberkörper wie eine Kobra nach oben aufrichten, die Ellenbogen bleiben am Körper, der Bauch bleibt auf dem Boden, kein Hohlkreuz – kurz halten. Den Oberkörper wieder auf der Matte ablegen.

Wirkung: Stärkt die Rumpfmuskulatur, dehnt den Brustkorb, kräftigt die Arme.

Krabbe

So geht's: Ausgangsposition ist die Rückenlage. Die Knie sind angewinkelt, die Füße stehen dicht am Körper, die Arme liegen leicht angewinkelt über dem Kopf auf der Matte. Der Rücken wird nun Wirbel für Wirbel angehoben, die Beine, die Arme und die Füße tragen den Körper. In umgekehrter Reihenfolge nun Wirbel für Wirbel wieder langsam ablegen. Übung mehrmals wiederholen.

Wirkung: Dehnt den Körper und kräftigt die Bauchmuskulatur, die Oberschenkel und die Wirbelsäule.

Krokodil

So geht's: Ausgangsposition ist die Rückenlage. Die Arme liegen auf Schulterhöhe seitlich gestreckt mit den Handflächen nach unten auf der Matte. Die Beine sind gebeugt, die Füße stehen dicht am Körper. Beide Beine werden geschlossen zur linken Seite abgelegt, der Kopf wendet sich auf die rechte Seite. Arme und Rücken bleiben fest auf der Matte liegen. Beine und Kopf wieder zur Mitte bringen und die Übung auf der anderen Seite wiederholen.

Wirkung: Entspannt den Rücken und die Wirbelsäule.

Löwe

So geht's: Ausgangsposition ist der Fersensitz. Die Knie sind hüftbreit auseinander, die Hände liegen flach auf der Matte zwischen den Knien oder auf den Knien, der Rücken ist gestreckt. Die Hauptübung des Löwen ist das Brüllen: Die Augen und den Mund weit öffnen und nach oben schauen, Zunge weit herausstrecken und brüllen oder fauchen wie ein Löwe. Dabei die Zunge ausgestreckt lassen.

Wirkung: Entspannt die Gesichtsmuskulatur und den Kiefer, stärkt das Selbstvertrauen.

Maus

So geht's: Ausgangsposition ist der Fersensitz. Beide Arme liegen locker hinter dem Körper auf der Matte, die Handflächen zeigen nach oben. Kopf und Rumpf werden langsam zum Rundrücken nach vorne gebeugt. Eine Hand wird über dem unteren Rücken nach oben gehalten, als Mauseschwänzchen zappelt der Zeigefinger.

Wirkung: Entspannt Rücken, Zwerchfell, Nacken und Schultern, massiert den Bauch, durchblutet den Kopf.

Mond

So geht's: Ausgangsposition ist der aufrechte Stand. Die Füße stehen nebeneinander auf der Matte, die Arme werden nach oben gestreckt, die Hände treffen sich über dem Kopf, die Daumen werden eingehakt. Der Bauch wird eingezogen und das Becken auf die rechte Seite verlagert. Die gestreckten Arme gehen nach links, die rechte Körperseite wird gedehnt. Seitenwechsel.

Wirkung: Dehnt den Rücken, den Bauch und die Arme.

Muschel

So geht's: Ausgangsposition ist die Rückenlage. Die gestreckten Arme liegen auf Schulterhöhe auf der Matte, die Beine sind leicht angewinkelt und die Fußsohlen aneinandergelegt. Die Knie fallen locker nach außen – Pause. Knie aufrichten, die Füße aufstellen und die Arme über dem Brustkorb zusammenführen – einatmen (EA). Die Handflächen berühren sich. Danach Beine wieder nach außen fallen lassen, Fußflächen aneinanderlegen, Arme gestreckt ablegen, ausatmen (AA). Die Muschel schließt und öffnet sich mehrmals.

Wirkung: Schult die Koordination, dehnt den Körper und fördert das bewusste Atmen.

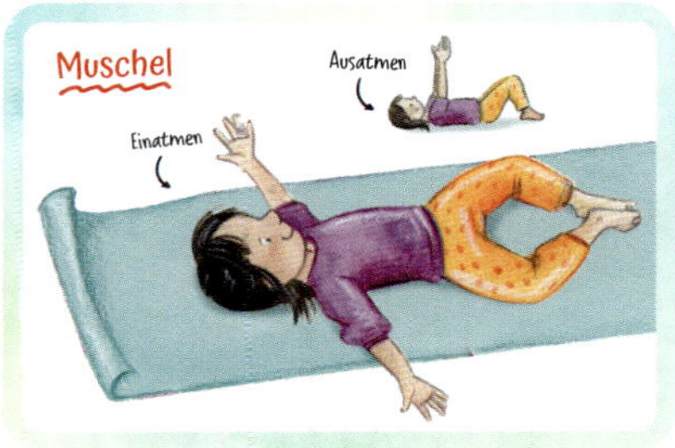

Schildkröte

So geht's: Ausgangsposition ist der aufrechte Sitz. Die Beine liegen angewinkelt auf der Matte, die Knie fallen nach außen, die Fußsohlen berühren sich. Die Hände umfassen die Füße. Der Oberkörper streckt sich aus dem Becken heraus langsam zum Rundrücken nach vorne. Danach richtet er sich langsam wieder auf.

Wirkung: Dehnt die Oberschenkelinnenseite und die Hüfte.

Schmetterling

So geht's: Ausgangsposition ist der aufrechte Sitz. Die Fußsohlen liegen aneinander, die Knie fallen nach außen. Die Hände umfassen die Zehen, die Daumen gehen als Fühler nach oben. Die Füße werden an den Körper herangezogen, die Knie werden nun als Schmetterlingsflügel locker auf- und abbewegt.

Wirkung: Dehnt die Oberschenkelinnenseite, die Hüfte und die Wirbelsäule. Das Becken wird aufgerichtet.

Schnecke

So geht's: Ausgangsposition ist der Fersensitz. Der Oberkörper wird leicht nach vorne gebeugt, die Hände werden etwas versetzt auf die Matte gelegt, der Kopf ist leicht angehoben.

Wirkung: Stärkt die Arm- und Rückenmuskulatur.

Sonne

So geht's: Ausgangsposition ist der aufrechte Stand. Die Beine stehen nebeneinander auf der Matte. Die Arme werden nach oben gestreckt, die Hände öffnen sich fächerartig, die Finger sind als Sonnenstrahlen gespreizt.

Wirkung: Streckt den Körper und die Arme, spannt und kräftigt die Finger.

Stern

So geht's: Ausgangsposition ist der Kniestand. Das linke Bein ist nach links ausgestreckt, der linke Arm liegt auf dem linken Oberschenkel. Der Rücken ist gerade. Der rechte Arm geht schräg nach oben und streckt sich über den Kopf zur linken Seite. Dabei ist der Oberarm an das Ohr gelehnt, die rechte Seite des Oberkörpers ist gedehnt, der Kopf fällt leicht nach hinten. Seitenwechsel.

Wirkung: Dehnt den Körper, stärkt die Wirbelsäule.

Storch

So geht's: Ausgangsposition ist der aufrechte Stand. Rechtes Bein wird angehoben, der rechte Arm ist nach vorne gestreckt, Handfläche nach oben, der linke Arm ist als Storchenschnabel schräg nach oben gestreckt, Handfläche nach unten. Der Rücken ist gerade. Seitenwechsel.

Wirkung: Fördert das Gleichgewicht und die Koordination.

Tiger

So geht's: Ausgangsposition ist der Vierfüßlerstand (wie bei der Katze). Der linke Arm wird nach vorne gestreckt, das rechte Bein nach hinten. Bein, Rücken und Kopf bilden eine Linie. Seitenwechsel.

Wirkung: Fördert das Gleichgewicht und die Konzentration, stärkt Arme, Beine und Rücken.

Vogel

So geht's: Ausgangsposition ist der aufrechte Stand. Die Arme gehen langsam als Flügel nach oben, dabei einatmen (EA), die Flügel bewegen sich langsam wieder nach unten, dabei ausatmen (AA).

Wirkung: Der ganze Körper wird gestreckt, fördert das bewusste Atmen.

Die Autorin

Gertrud Fassl ist erfahrene Erzieherin und ehemalige Kita-Leiterin. Ihre Ausbildung zur Yogalehrerin erhielt sie am Institut für psychologische Bildung und Entspannungspädagogik in Bad Wimpfen (PBE). Seit vielen Jahren ist Kinderyoga ein wichtiger Baustein ihrer Arbeit mit Kindern, basierend auf der Erfahrung, dass einerseits Entspannungsangebote im Kita-Alltag vielfach zu kurz kommen, und andererseits Kinder in unserer hektischen und lärmübertönten Welt vermehrt ein Bedürfnis danach haben. Ihre fachlichen Kenntnisse und praktischen Erfahrungen in der Entspannungspädagogik und Bewegungserziehung von Kindern vermittelt Gertrud Fassl regelmäßig in Kursen.

1-1

1-2

1-3

1-4

1-5

1-6

1-7

1-8

1-9

4-1

4-2

4-3

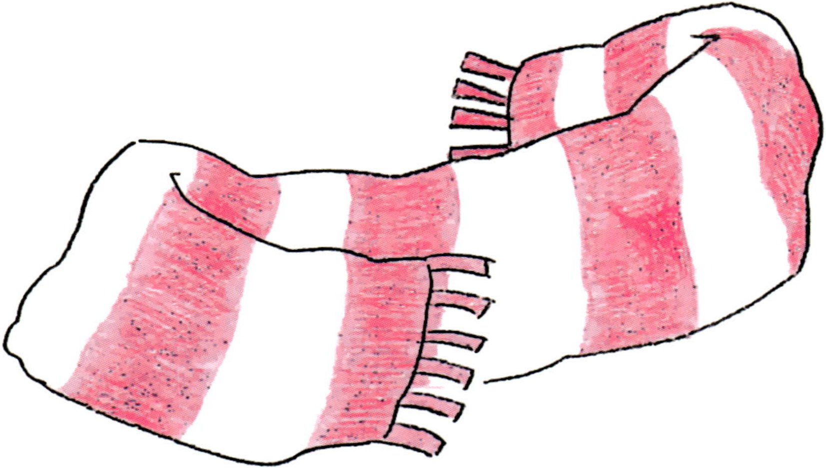

4-4

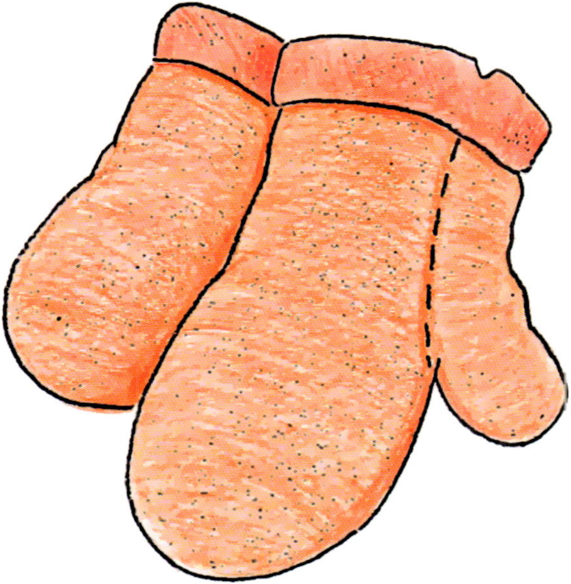

4-5

4-6

5-1

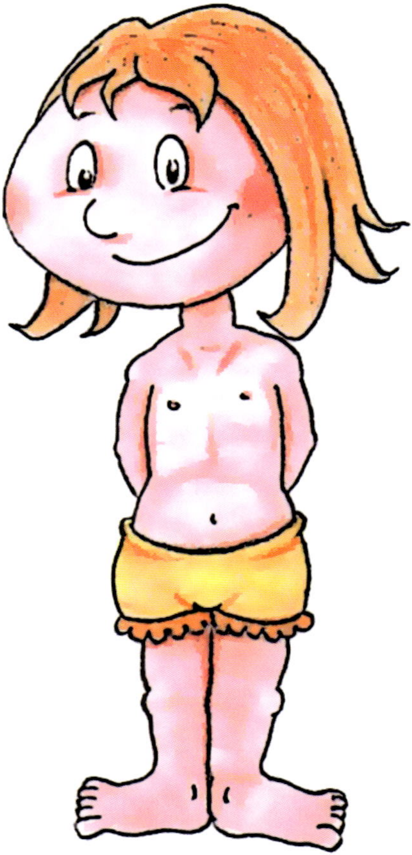

5-2

5-3

5-4

5-5

5-6

5-7

5-8

5-9

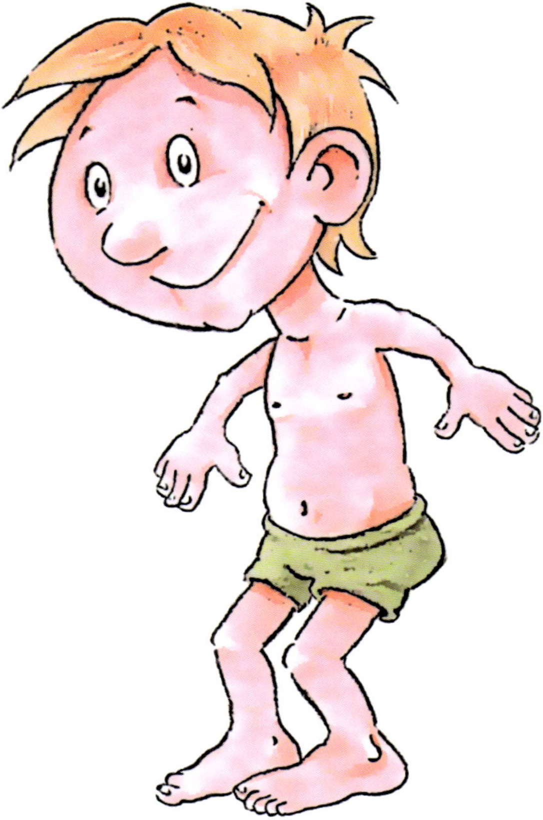

5-10

5-11

5-12

5-13

5-14

5-15

5-16

5-17

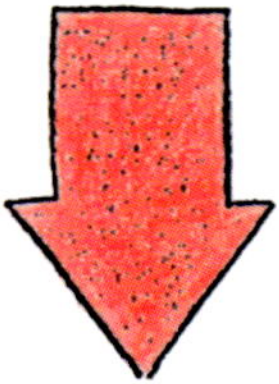

5-18

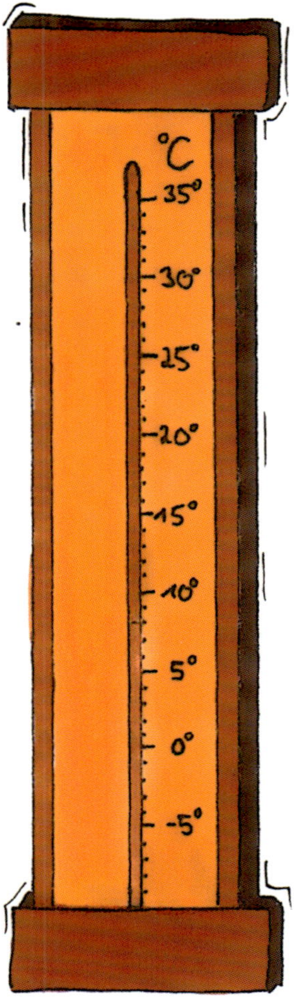

6-1

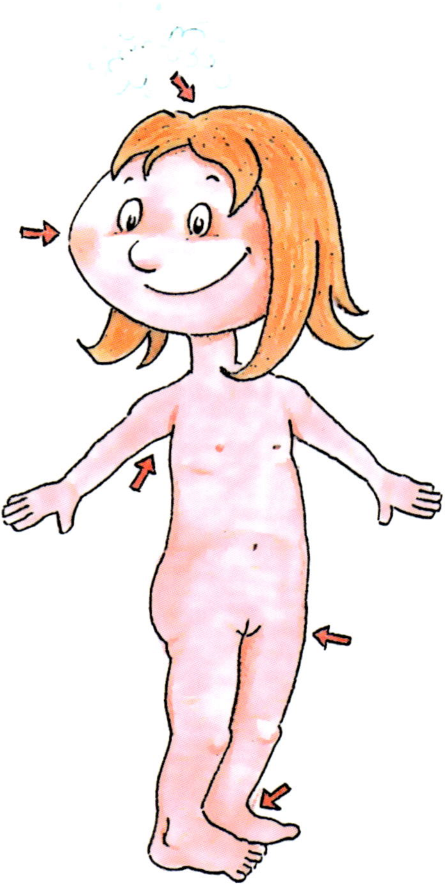

6-2

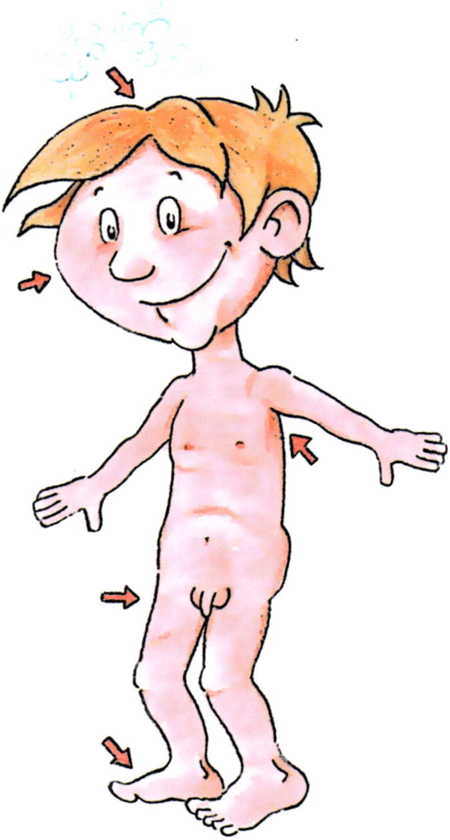

6-3

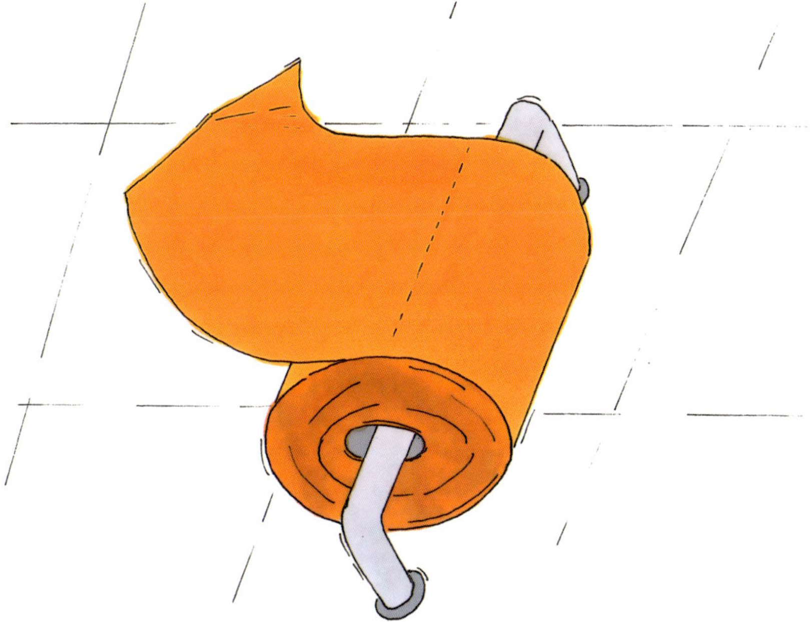

6-4

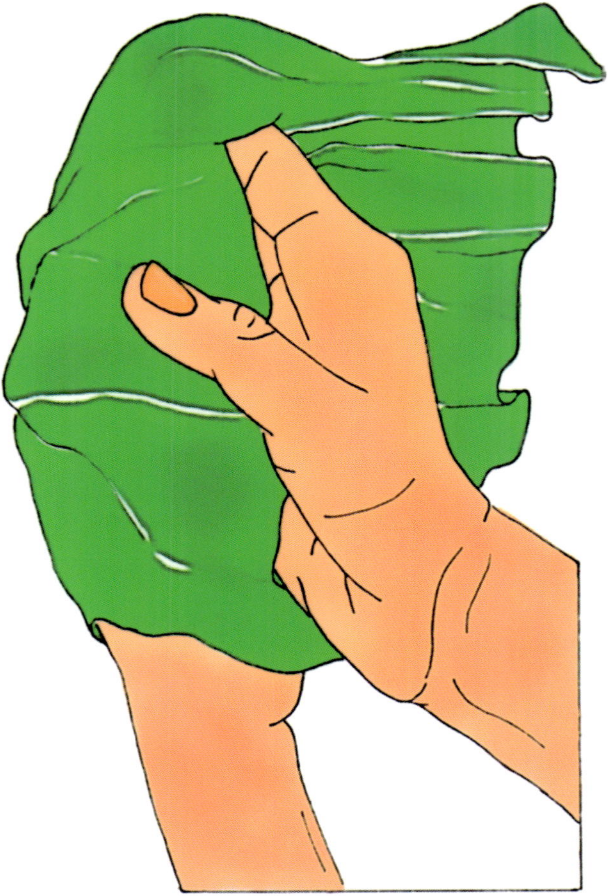

6-5

6-6

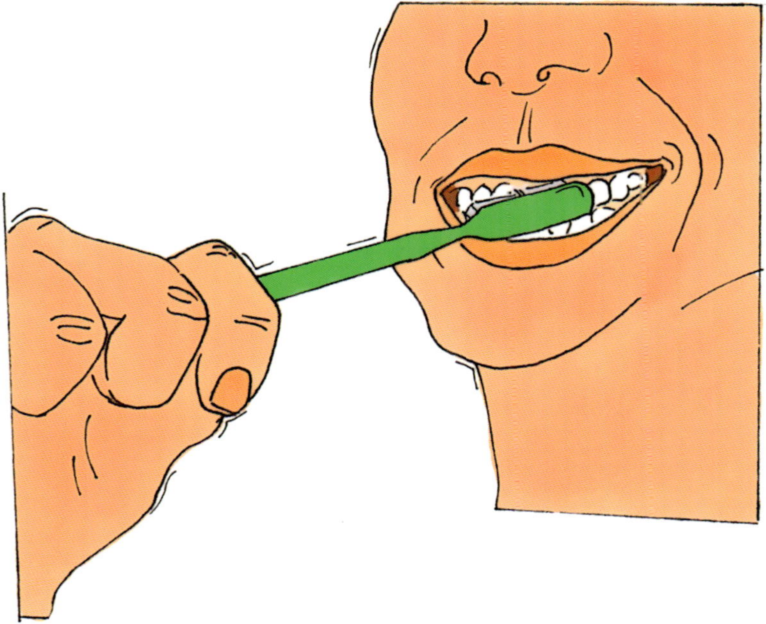

6-7

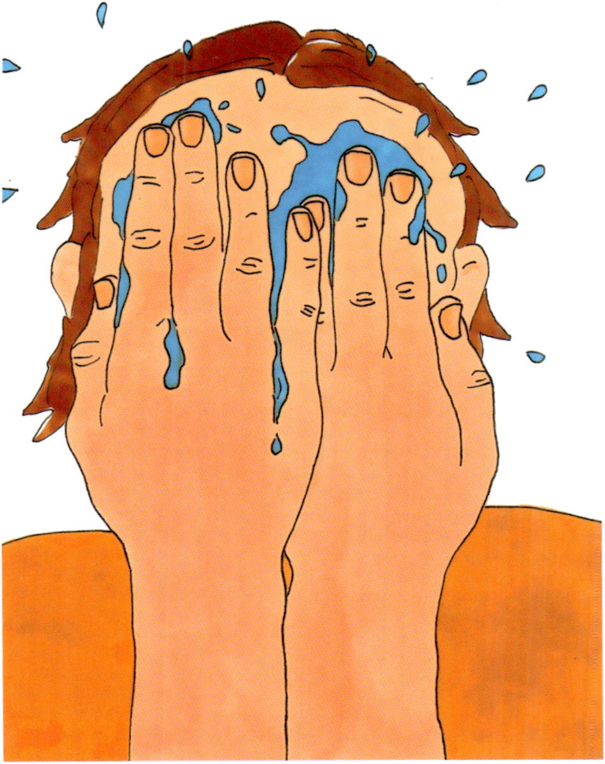

6-8

6-9

6-10

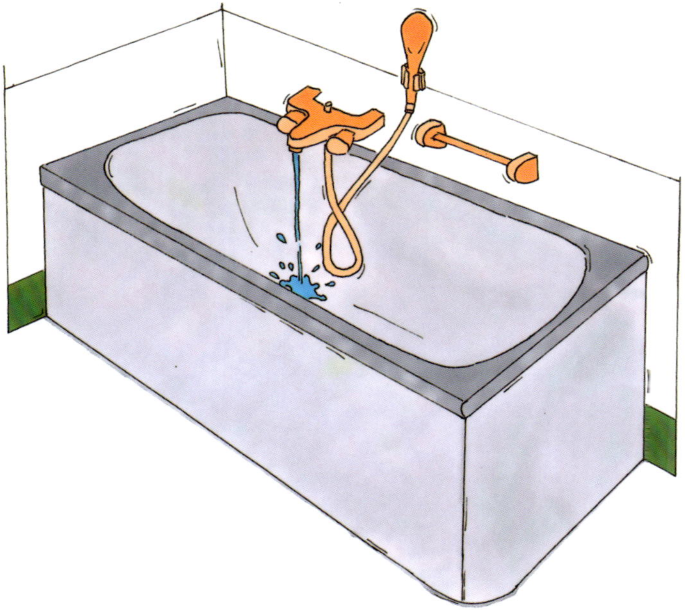

6-11

6-12

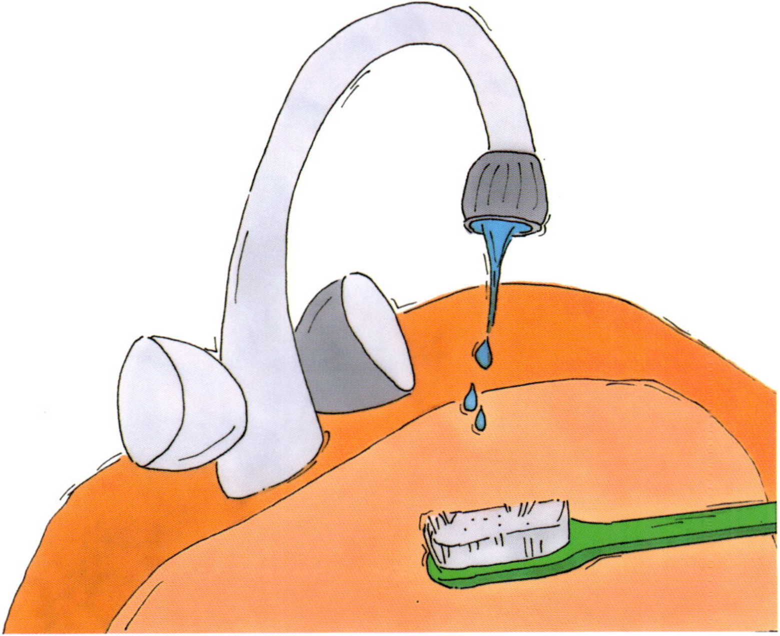

6-13

6-14

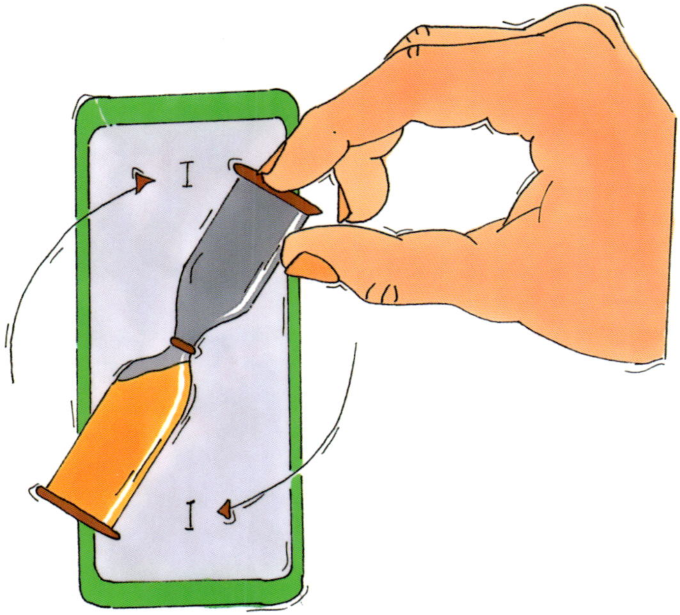

6-15

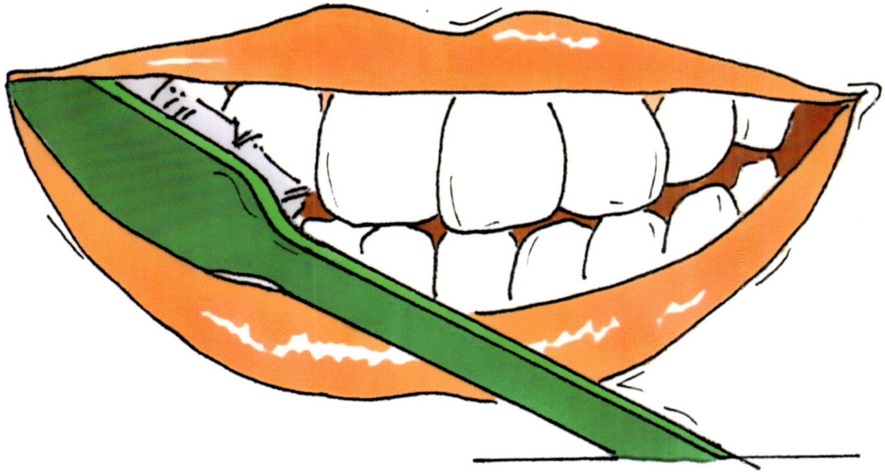

6-16

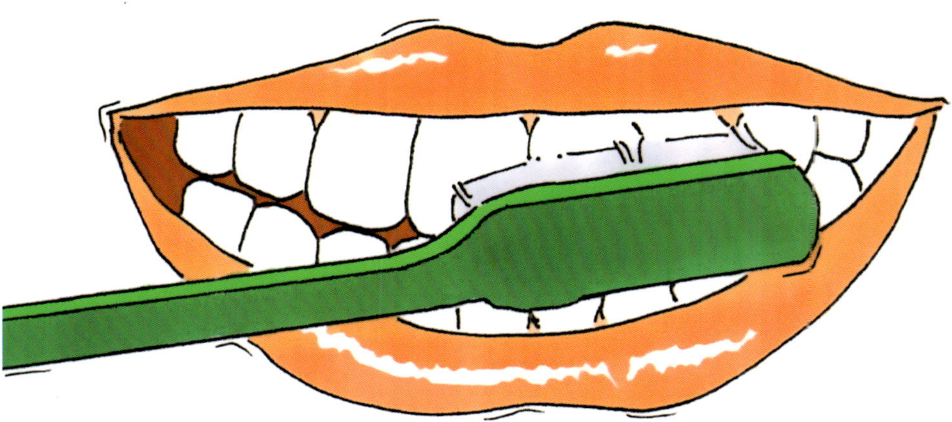

6-17

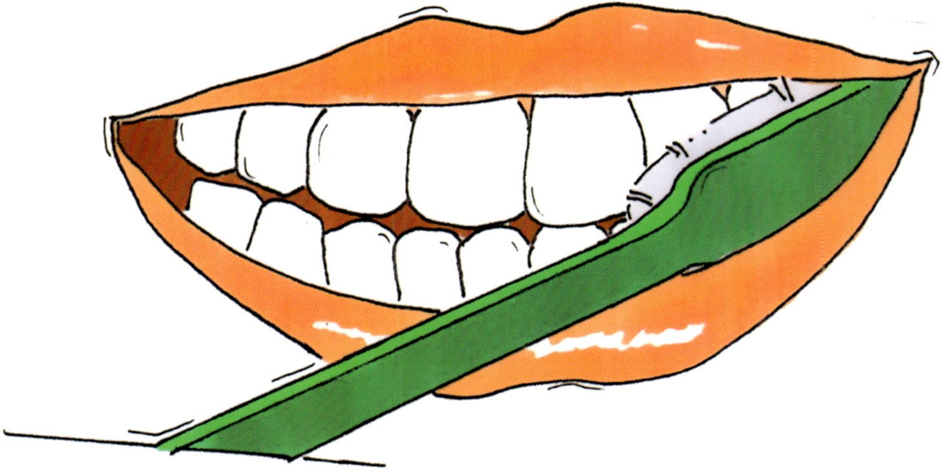

6-18

6-19

6-20

6-21

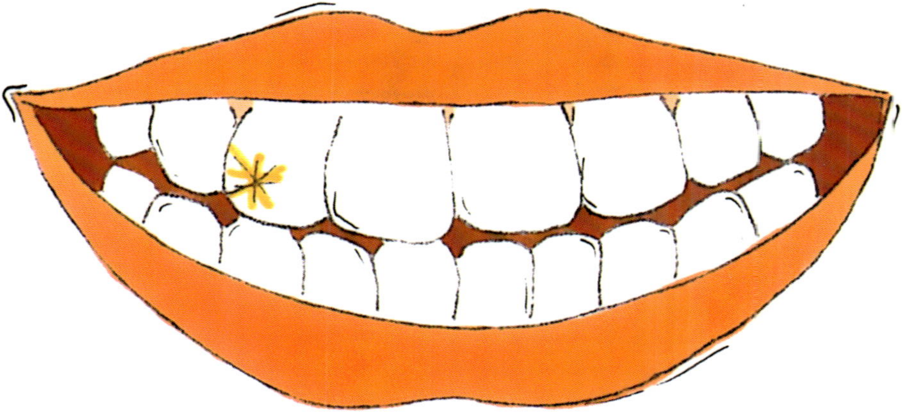

6-22

6-23

12-1

12-2

12-3

12-4

12-5

12-6

Routinen

Selbstständig und sinnvoll nach ihren Bedürfnissen zu handeln, stellt jeden Tag eine neue Herausforderung für Kinder mit FAS oder auch für viele andere Kinder mit Verhaltensauffälligkeiten dar. Wichtige und unwichtige Handlungen können nicht unterschieden werden. Es wird meist das gemacht, was gerade am interessantesten ist.

Da ihr Kurzzeitgedächtnis nur fehlerhaft funktioniert, vergessen Kinder mit FAS oft Dinge, die sie gerade erledigen wollten. Sie haben Probleme, Handlungen zu planen, in aufeinander folgende Handlungsschritte zu zerlegen und bis zum Ende auszuführen. Nicht selten lassen sie sich von anderen Reizen ablenken und vergessen dadurch ihr ursprüngliches Ziel.

Diese Orientierungslosigkeit führt zu Unsicherheit und Angst. Sie äußert sich nicht selten in emotionalen Ausbrüchen, z. B. Wutanfällen. Was wie ungezogenes Verhalten oder Verweigerung aussieht, ist meist ein Zeichen von Überforderung, weil das Kind nicht weiß, was und wie es etwas tun soll.

Eines der wichtigsten Mittel, um Kindern in ihrem Leben Sicherheit zu geben, ist daher eine einfache, klare Struktur ihres Alltags, um sich besser zurechtzufinden. Der Tagesablauf sollte immer gleich bzw. sehr ähnlich sein, damit das Kind die von ihm erwarteten Handlungen kennt und immer wieder üben kann.

Überraschungen und Veränderungen sind für das Kind meist nicht positiv, auch wenn es angenehme Überraschungen sind (z. B. eine Urlaubsreise, freie Zeit am Wochenende). Im Gegenteil – sie führen dazu, dass sich das Kind nicht mehr orientieren kann. Dies ist sowohl bei großen Veränderungen der Fall (z. B. ein Umzug) als auch bei kleinen Veränderungen im Alltag (die Anziehsachen liegen plötzlich an einer anderen Stelle). Auch ein einfacher Situationswechsel (ein Spiel geht zu Ende, ein anderes Spiel beginnt) kann eine überfordernde Veränderung darstellen.

Kinder mit FAS können ihr Wissen nicht gut auf andere Situationen übertragen. Wenn sie sich zu Hause nach dem Toilettengang die Hände waschen, machen sie das nicht zwangsläufig auch woanders. Bereits gelernte Verhaltensweisen wenden sie in einer neuen Situation nicht an.

Helfen Sie Ihrem Kind, indem Sie ihm eine Welt schaffen, in der es sich orientieren kann! Diese mag für Außenstehende langweilig aussehen, für Ihr Kind ist ein strukturierter Alltag jedoch eine große Entlastung. Es ist ausgeglichener und kann sein Potenzial besser ausschöpfen. Es kann Handlungen (im Rahmen seiner Möglichkeiten) selbstständig ausführen und weiß, was von ihm erwartet wird – das stärkt sein Selbstvertrauen!

Bildkarten

Routinen

1-1, 1-2, 1-3-, 1-4
1-5, 1-6, 1-7, 1-8,
1-9

Konkrete Tipps für den Aufbau von Routinen

Konstanz

- Schaffen Sie Routinen, die Sie jeden Tag auf exakt gleiche Weise mit Ihrem Kind durchführen (z. B. Routine beim Aufstehen, Routine beim Anziehen). Festigen Sie diese Abläufe, indem Sie Bilder aufhängen, die die einzelnen Handlungsschritte abbilden (Bilder Tagesplan, siehe auch „Anziehen" – Elternkarte 5 und „Körperhygiene: Zähne putzen" – Elternkarte 6).
- Am Wochenende sieht der Ablauf meist etwas anders aus. Schaffen Sie auch dann eine Routine! Routinen geben Ihrem Kind auch am Wochenende Sicherheit.
- Wenn sich etwas im Leben Ihres Kindes verändern muss (z. B. ein Umzug, ein Urlaub an einem fremden Ort), versuchen Sie, viele alte Routinen beizubehalten.

Übung

- Zerlegen Sie Handlungen in kleine Zwischenschritte und üben Sie diese mit Ihrem Kind ein. Anstatt zu sagen *„Putz dir die Zähne!"*, sagen Sie Ihrem Kind nacheinander, was es konkret tun soll: *„Halte die Zahnbürste unter Wasser! Tue etwas Zahnpasta auf die Zahnbürste! ..."* Nach sehr häufigem Üben können Sie diese Unterstützung verringern.
- Wenn Sie eine Routine mit Ihrem Kind erarbeitet haben (z. B. Essenssituation zu Hause), üben Sie diese Routine auch in einer anderen Situation ein (z. B. Essenssituation bei der Oma).

Hilfe zur Selbstständigkeit

- Arbeiten Sie mit *Checklisten*. Dort können Sie die einzelnen Handlungsschritte auflisten und von Ihrem Kind abhaken lassen, welche es schon erledigt hat. Es kann so immer selbst verfolgen, was es noch zu tun hat. Oft hilft es, die Handlungsschritte in bildlicher Form darzustellen. Sie können zum Beispiel unter die Bildkartenreihe kleine Zettel kleben, die das Kind abhakt oder entfernt, wenn es die Aufgabe erledigt hat.
- Hängen Sie einen Tagesplan für Ihr Kind auf. Dort können Sie eintragen, was an dem Tag auf das Kind zukommt, und den Tag mit ihm zusammen durchsprechen. Ihr Kind kann lernen, selbstständig auf diesen Plan zu schauen, um sich zeitlich zu orientieren.

Unterstützung bei Situationswechseln

- Wenn sich eine Situation ändert (z. B. Spielzeit geht zu Ende), kündigen Sie diesen anstehenden Wechsel mehrfach vorher an *(„Noch dreimal rutschen!", „Noch einmal rutschen!")*. Sie können für diese Ankündigung auch sichtbare Zeichen verwenden (z. B. Countdown-Karten Blumen, Handzeichen).
- Benutzen Sie auch akustische Hilfen, um Ihr Kind auf einen Situationswechsel hinzuweisen (*„Wenn der Wecker klingelt, ist die Spielzeit zu Ende. Dann beginnen die Hausaufgaben."*).
- Entwickeln Sie ein Begrüßungs- und Verabschiedungsritual. So versteht Ihr Kind immer, wann eine Person kommt oder geht, ohne davon überrascht zu werden.
- Wenn eine besondere Situation ansteht, bereiten Sie diese gemeinsam mit Ihrem Kind vor. Zeigen Sie Ihrem Kind schon vorher Fotos von dem Ort, zu dem es gehen wird, oder von den Personen, die zu Besuch kommen werden.
- Besprechen Sie mit Ihrem Kind, was bei einer geplanten Aktivität schiefgehen bzw. anders als vorgestellt ablaufen kann *(„Was machst du, wenn du den Bus verpasst?")*. So bereiten Sie Ihr Kind auf unvorhergesehene Veränderungen vor.

Regeln

Kindern mit FAS fällt es schwer, neue Inhalte zu lernen. Oft brauchen sie sehr viele Wiederholungen, bis etwas verstanden wird und dauerhaft erinnert werden kann. Regeln und Handlungen, die zu einem früheren Zeitpunkt bereits beherrscht wurden, werden auf einmal wieder vergessen. Typisch ist der wellenförmige Leistungsverlauf. So gibt es gute Tage, an denen sich das Kind konzentrieren kann und viele Dinge alleine schafft, und andere Tage, an denen es sich selbst an die einfachsten Regeln nicht mehr erinnern kann.
Nach außen hin sieht dieses Verhalten wie Unwillen und Verweigerung aus. Vielmehr ist es jedoch die Unfähigkeit, auf die richtigen Gedächtnisinhalte zurückzugreifen. Wenn ein Kind mit FAS Regeln nicht befolgt, geschieht das nicht, um zu ärgern oder aus böser Absicht, sondern weil es die Regel für den Moment vergessen hat!

Es stellt eine große Herausforderung für diese Kinder dar, das, was sie hören, richtig zu verstehen und umzusetzen. Wenn man ihnen einen Auftrag gibt oder eine Regel erklärt, können sie diese zwar wiederholen, haben sie häufig aber nicht wirklich verstanden.
Zudem verknüpfen sie ihr Handeln nicht mit den Konsequenzen. Vor allem, wenn die Reaktion nicht sofort erfolgt, ist ihnen der Zusammenhang nicht klar. Die betroffenen Kinder haben Schwierigkeiten, sowohl aus positiven als auch aus negativen Erfahrungen zu lernen. Sie machen dadurch immer wieder dieselben Fehler.

Um mit all diesen Schwierigkeiten umzugehen, benötigt das Kind klare und einfache Regeln, an denen es sich orientieren kann.

Bei einigen Kindern ist es außerdem möglich, Verstärkerpläne einzusetzen. Diese helfen gezielt Verhalten zu belohnen und so dem Kind konsequent zu zeigen, welches Verhalten gut und welches schlecht ist.

Bildkarten

Regeln

2-1

Konkrete Tipps für Regeln

Einfachheit

- Stellen Sie wenige kurze und einfache Regeln auf. Zu viele Regeln kann sich Ihr Kind nicht merken. Konzentrieren Sie sich auf das, was am wichtigsten ist!
- Führen Sie neue Regeln erst ein, wenn das Kind die alten schon sicher beherrscht.
- Lassen Sie sich nicht auf Diskussionen über die Regeln ein.
- Machen Sie keine Ausnahmen (*„Heute essen wir erst um 16 Uhr statt um 13 Uhr."*). Sie verwirren Ihr Kind.

Erinnerungshilfen

- Wiederholen Sie die Regeln regelmäßig.
- Malen oder schreiben Sie die Familienregeln auf und hängen Sie diese so auf, dass das Kind sie sehen kann.
- Seien Sie kreativ! Überlegen Sie sich Regeln, die sich reimen oder die gesungen werden können, damit sie von Ihrem Kind besser erinnert werden (zum Beispiel: *„Erst geh ich aufs Klo, dann putz ich meinen Po."*).
- Üben Sie eine Regel in verschiedenen Situationen ein. Ihr Kind muss für jede Situation neu verstehen, dass auch hier die Regel gilt.
- Fordern Sie das Kind auf, in eigenen Worten zu wiederholen, was Sie sagen. Wenn möglich, lassen Sie Ihr Kind das erwünschte Verhalten ausführen.

Konsequenz

- Konsequenzen (Belohnungen, Bestrafungen) müssen unmittelbar, vorhersehbar und immer in gleicher Form erfolgen.
- Konsequenzen müssen zeitnah erfolgen, wenn die Regeln nicht eingehalten werden. Wenn Sie Ihrem Kind abends sagen, dass es morgens etwas falsch gemacht hat, kann es sich daran nicht mehr erinnern!
- Loben Sie Ihr Kind, wenn es die Regeln eingehalten hat. Lob, Anerkennung und ein Lächeln wirken oft besser als materielle Belohnungen wie Geld oder Süßigkeiten.
- Entwickeln Sie ein Zeichen (z. B. Daumen hoch, Daumen runter), um dem Kind direkt und klar mitzuteilen, ob es etwas richtig gemacht hat.
- Trennen Sie das Verhalten Ihres Kindes von seinem Charakter. Auch wenn das Verhalten „schlecht" ist, ist Ihr Kind nicht schlecht und sollte sich auch nie so fühlen!
- Probieren Sie aus, mit Verstärkerplänen zu arbeiten. In diesen legt man fest, welche Verhaltensweisen das Kind in einer bestimmten Situation zeigen soll. Für erwünschte Verhaltensweisen können Punkte gesammelt werden, die hinterher gegen Belohnungen eingetauscht werden können. Wie Sie konkret einen solchen Verstärkerplan erstellen, entnehmen Sie der Anleitung auf der Elternkarte 2.2.

Verstärkerplan

Eine besonders wirksame Methode, um gezielt ein bestimmtes Verhalten von Kindern zu fördern, ist das Erstellen eines Verstärkerplans, auch Token-System genannt. Dieses Vorgehen kommt aus dem Bereich der Verhaltenstherapie und wurde bislang vor allem bei Kindern mit ADHS und oppositionellem Verhalten erfolgreich eingesetzt (Petermann & Krummrich, 2009).
Wenn Sie mit Ihrem Kind diese Methode ausprobieren wollen, überlegen Sie sich gemeinsam eine problematische Situation und legen klare Verhaltensweisen fest, die das Kind zeigen soll. Entwickeln Sie einen Plan und hängen Sie diesen gut sichtbar auf. Ihr Kind erhält immer dann einen Punkt, wenn es das gewünschte Verhalten zeigt. Die Punkte kann es sammeln und in Belohnungen eintauschen. Positive Aspekte für die Kinder sind, dass sie genau wissen, worauf sie achten sollen, und direkt sehen können, ob sie ihre Aufgabe erfüllt haben. Ihnen als Betreuungsperson kann der Plan helfen, auf das positive Verhalten des Kindes zu achten und in Ihrem Verhalten konsequent zu sein.

Vorgehensweise zur Erstellung eines Verstärkerplans:

1. **Überlegen Sie sich, welchen Handlungsablauf Sie belohnen möchten.**
   Wichtig ist, dass die Situation für Sie und Ihr Kind klar benannt werden kann und dass Sie das Verhalten gut überprüfen und bewerten können. Suchen Sie sich nur Verhaltensweisen aus, die Ihr Kind auch schaffen kann.

   Beispiel: Die Essensituation ist jeden Tag aufs Neue schwierig. Anna ist sehr unruhig, bleibt nicht sitzen, rennt immer wieder aus der Küche und redet mit vollem Mund. Ständig wirft sie ihr Glas um. Die Situation eignet sich gut, da es einen klaren Anfang und ein klares Ende gibt, die für alle sichtbar sind.

2. **Teilen Sie die Handlung in einzelne Schritte auf.**
   Überlegen Sie sich genau, für welche Verhaltensweisen Ihr Kind belohnt werden soll. Nehmen Sie nur wenige (maximal drei) wichtige Aufgaben, da Ihr Kind sonst vergisst, worauf es achten soll.

   Beispiel: Da das Herausrennen aus der Küche die ganze Familie beim Essen stört, soll Anna zunächst lernen, still zu sitzen. Hierbei wird zunächst eine kurze Zeitspanne von fünf Minuten gewählt, die dann verlängert wird, wenn Anna dies häufig gelungen ist. Außerdem soll Anna nicht mit vollem Mund sprechen. Für beide Situationen ist die Voraussetzung, dass es allen anderen Familienmitgliedern gelingt, die Regeln einzuhalten! Wenn Sie ständig aufstehen und herumlaufen, wird Anna nicht verstehen, dass sie das nicht tun darf.

3. **Besprechen Sie mit Ihrem Kind, für welches Verhalten es ab jetzt verstärkt wird.**
   Achten Sie genau darauf, dass Ihr Kind auch versteht und weiß, was Sie von ihm erwarten und was genau es dafür tun soll. Wenn nötig, malen, basteln oder besorgen Sie für Ihr Kind weitere Hilfen und Erinnerungen, die ihm bei der Bewältigung der Aufgaben helfen können.

Beispiel: Die Mutter übt mit Anna zunächst vor einem kleinen Spiegel erst dann zu sprechen, wenn der Mund leer ist. Sie lobt Anna immer wieder, wenn es klappt. Da für Anna bildliche Hilfen zur Unterstützung nötig sind, bekommt Anna zudem eine Sanduhr an ihren Platz (Sand für 5 Minuten) gestellt. So kann sie immer überprüfen, wie lange sie noch am Tisch sitzen muss.

4. **Erstellen Sie einen Verstärkerplan.**
Malen Sie kleine Bildchen oder schreiben Sie kurz auf, was das Kind machen soll. Formulieren Sie die Regeln immer positiv. Wichtig ist, dass das Kind anhand des Plans weiß, was es tun soll, und ihm bewusst ist, dass dort nicht aufgeführt ist, was es lassen soll.

5. **Überlegen Sie sich ein Symbol für Belohnung.**
Sie benötigen nun ein Zeichen, das Ihr Kind für das erwünschte Verhalten in der Situation in den Plan eingetragen bekommt (z. B. Aufkleber, Sterne, Smileys).

6. **Suchen Sie gemeinsam mit Ihrem Kind Belohnungen aus.**
Besprechen Sie mit Ihrem Kind, wofür es die gesammelten Punkte eintauschen kann. Am besten malen oder schreiben Sie diese Belohnungen auf, damit das Kind weiß, was es erreichen kann. Das können sowohl materielle Dinge als auch gemeinsame Aktivitäten sein. Die Belohnungen haben unterschiedliche Werte. Einige Belohnungen kann das Kind schon mit wenigen Punkten erhalten, andere erst, nachdem es eine größere Anzahl von Punkten gesammelt hat. Auch hier sollten Sie gemeinsam mit Ihrem Kind überlegen, welche Dinge für Ihr Kind in welchem Maße wichtig sind.

Beispiele für Belohnungen:
a) Materielle Belohnungen: ein besonderer Nachtisch, Sticker, Buntstifte, ein Buch, Süßigkeiten etc.
b) Gemeinsame Aktivitäten: gemeinsam spielen, abends eine Extra-Geschichte vorlesen, Eis essen gehen, einen Ausflug machen etc.

7. **Hängen Sie den Verstärkerplan für das Kind gut sichtbar auf.**
Am besten befestigen Sie ihn in der Nähe des Ortes, an dem das Kind das erwünschte Verhalten zeigen soll.

Beispiel: Annas Plan wird direkt in der Küche an der Wand befestigt. So kann sie auch während des Essens auf den Plan gucken oder er kann ihr gezeigt werden, um sie daran zu erinnern.

8. **Erinnern Sie Ihr Kind vor Beginn der Situation an den Plan und motivieren Sie es, so viele Punkte wie möglich zu erreichen.**

Beispiel: Vor jedem Essen zeigt die Mutter Anna zunächst den Plan und sagt ihr noch einmal, was genau von ihr erwartet wird.

9. **Loben Sie Ihr Kind konsequent und zeitnah.**
Besonders wichtig ist es, dass Sie das Kind direkt nach dem erwünschten Verhalten loben und sofort einen Punkt/Aufkleber verteilen. Sollten Sie länger warten, wird es für Ihr Kind schwer, eine Verbindung zwischen seinem Verhalten und den verdienten Punkten herzustellen.

Beispiel: Nach dem Essen darf Anna an ihrem Plan die verdienten Punkte anbringen. Zusätzlich lobt die Mutter sie, wenn sie beide Punkte bekommen hat, und motiviert sie, wenn es nicht geklappt hat, sich beim nächsten Mal besonders anzustrengen.

10. **Lassen Sie Ihr Kind die Belohnung aussuchen.**
Wenn das Kind seine Punkte verdient hat, kann es selbst aussuchen, welche Belohnung es erhalten möchte. Das ist wichtig, damit sich das Kind ernst genommen fühlt.

Beispiel: Anna möchte abends gerne eine Extra-Geschichte vorgelesen bekommen. Eigentlich hat die Mutter noch viel zu tun, aber sie nimmt sich dennoch die Zeit. Ihr ist klar, dass Anna sich sehr angestrengt hat, um die Punkte zu verdienen. Durch das Vorlesen der Extra-Geschichte zeigt die Mutter, dass sie die Anstrengung von Anna wirklich wertschätzt.

11. **Entwickeln Sie den Plan weiter.**
Sollte der Plan gut funktionieren, erweitern und verändern Sie ihn immer mal wieder, überlegen Sie sich neue Belohnungen etc.

Beispiel: Anna schafft es jetzt, an sechs Tagen pro Woche fünf Minuten still zu sitzen. Daher wird die Zeit nun verlängert. Sie kann nun zwei Smileys verdienen, wenn sie zweimal fünf Minuten still sitzt. Nachdem ihr dies auch gut gelungen ist, muss sie direkt zehn Minuten sitzen bleiben, um die Smileys zu verdienen.

Wichtig: Setzen Sie den Verstärkerplan nicht zur Bestrafung ein.
Bereits verdiente Punkte können nicht wieder abgezogen werden, wenn sich das Kind danach falsch verhält. Das ist wichtig, damit der Verstärkerplan nicht zur Bestrafung eingesetzt wird.

Beispiel: Anna soll es zunächst schaffen, fünf Minuten am Tisch sitzen zu bleiben. Nachdem ihr dies gelungen ist, steht sie direkt auf. Sie kommt aber wieder zum Tisch zurück und isst noch weiter. Dabei bleibt sie weiterhin unruhig. Nach dem Essen erhält sie trotzdem einen Smiley, da sie fünf Minuten sitzen geblieben ist. Hier besteht die Gefahr, dass man mit der Smiley-Vergabe für die ersten ruhigen fünf Minuten, die Unruhe der letzten Minuten verstärkt. Besser wäre es, den Smiley nach den ersten fünf Minuten zu vergeben und Anna darauf hinzuweisen, dass sie noch einen zweiten Smiley verdienen kann, wenn sie, wie zuvor besprochen, nochmals fünf Minuten ruhig ist.

Überlegen Sie sich auch einige Belohnungen, die das Kind bekommt, wenn es mehrere Tage eine bestimmte Punkteanzahl erreicht hat. Haben Sie nicht zu hohe Erwartungen und überfordern Sie Ihr Kind nicht. Wenn es gar keine Punkte erreicht, vereinfachen Sie den Plan. Seien Sie kreativ und passen Sie die Belohnungen an Ihre Möglichkeiten und die Ihres Kindes an.

MERKE

Generell gilt: Während bei Kindern mit ADHS Verstärkerpläne gut funktionieren, reagieren Kinder mit FAS darauf sehr unterschiedlich. Für sie muss im Einzelfall ausprobiert werden, ob sie davon profitieren können oder nicht. Wenn Ihr Kind immer wieder vergisst, warum es Belohnungen bekommt, oder kein Interesse daran zeigt, arbeiten Sie ohne diese Pläne.

Auf der Rückseite finden Sie als Beispiel Annas Punkteplan.

Annas Punkteplan

		Montag	Dienstag	Mittwoch	Donnerstag	Freitag	Samstag	Sonntag
Frühstück	ich bleibe sitzen	☺	☺		☺			
	wenn ich esse, schweige ich	☺			☺			
Mittagessen	ich bleibe sitzen		☺	☺	☺			
	wenn ich esse, schweige ich	☺	☺		☺			
Abendbrot	ich bleibe sitzen	☺						
	wenn ich esse, schweige ich		☺	☺				

☺☺ z. B. einen Sticker, 5 Minuten länger vorlesen

☺☺ ☺☺ ☺ z. B. Lieblingsmusik hören, abends Lava-Lampe

☺☺ ☺☺ ☺☺ z. B. Spiel spielen, Fußball spielen, Lieblingsessen

Kommunikation

Kinder mit FAS verfügen meist über einen großen Wortschatz. Sie reden sehr viel und schnell, sagen dabei inhaltlich aber häufig wenig. Sie haben Probleme damit, auszudrücken, wie es ihnen geht, was sie gemacht haben oder welche Wünsche und Bedürfnisse sie haben. Wenn sie unterbrochen werden, vergessen sie, was sie sagen wollten, und beginnen wieder von vorne oder ganz woanders. Das liegt daran, dass ihre Aufmerksamkeitsspanne sehr kurz ist, sodass sie sich eigenen Gedanken oder Gesagtem nur kurz zuwenden können.

Die Anliegen und Wünsche anderer Personen zu verstehen, fällt ihnen ebenfalls schwer. Zwar wiederholen sie das Gesagte, verstehen aber oft nicht den Sinn.

Obwohl das Kind zuhört, kann es außerdem vorkommen, dass es sofort vergisst, was es gehört hat.

Alle Kinder denken sich Geschichten aus oder erzählen nicht immer die Wahrheit. Aber ein Kind mit FAS hat große Schwierigkeiten, Realität und Fantasie zu trennen. Es kann nicht unterscheiden, ob es etwas wirklich erlebt, geträumt oder sich ausgedacht hat.
Es weiß allerdings, dass man ihm zuhört, wenn es Geschichten erzählt. Um seine Eltern zufriedenzustellen oder zu begeistern, denkt es sich also Geschichten aus, wenn es sich an das Geschehene nicht mehr erinnern kann. Es tut dies nicht, um zu lügen oder etwas zu verbergen, sondern um Aufmerksamkeit zu bekommen. Da das Kurzzeitgedächtnis gestört ist, werden Gedächtnislücken mit Geschichten aufgefüllt. Oftmals glaubt das Kind selbst, was es erzählt.
Bestrafen Sie Ihr Kind deshalb nie, wenn es lügt. Sagen Sie lieber kurz: *„Wahr oder gelogen?“* Dieser Hinweis unterbricht das Kind und bringt es zum Nachdenken.

Vermeiden Sie Ironie. Obwohl Kinder mit FAS gerne lachen und fröhlich sind, verstehen sie ironische oder witzige Bemerkungen nicht. Auch Redewendungen können von den Kindern nicht richtig verstanden werden. Sie nehmen das Gesagte stets wörtlich.

Nicht nur die gesprochene Sprache ist für diese Kinder schwierig zu verstehen, auch nonverbale Ausdrucksweisen, wie Gesichtsausdrücke oder ein anderer Tonfall, bleiben für viele ein Rätsel. Sie können die Gefühle ihrer Mitmenschen nicht verstehen und merken dadurch nicht, wann sie sich unangemessen verhalten.
Es ist daher wichtig, dem Kind das eigene Empfinden mit deutlichen Worten mitzuteilen und bestimmte Ausdrucksweisen immer wieder zu erklären (Genaueres dazu finden Sie im Teil „Gefühle“ – Elternkarte 12).

Wenn ein Kind mit FAS Entscheidungen treffen muss, ist es schnell überfordert. Es fällt ihm schwer, Dinge gegeneinander abzuwägen. Gestalten Sie Entscheidungen für Ihr Kind daher möglichst einfach. Stellen Sie höchstens zwei Optionen zur Wahl: *„Möchtest du den roten oder den blauen Pullover anziehen?“* anstatt *„Welchen Pullover möchtest du heute anziehen?“*

Konkrete Tipps für die Kommunikation

Allgemeines

- Stellen Sie Augenkontakt her.
- Sprechen Sie Ihr Kind immer mit Namen an. Gerade in großen Gruppen benötigt Ihr Kind eine Extra-Aufforderung, damit es sich angesprochen fühlt.
- Wenn sich das Kind auf Sie konzentrieren soll, vermeiden Sie andere Geräusche im Hintergrund (z. B. Radio, Fernseher).
- Nutzen Sie mehr als einen Informationsweg. Verbinden Sie das Sprechen mit nonverbalen Elementen (Gestik, Mimik), z. B. auf etwas zeigen etc. Verwenden Sie übertriebene Gesten und reden Sie mal lauter, mal leiser.
- Führen Sie Gesten ein, um das Erzählte zu verdeutlichen. Legen Sie zum Beispiel immer Ihren Zeigefinger an die Lippen, wenn Sie das Kind dazu auffordern, leise zu sein.
- Wenn Sie im Satz unterbrochen werden, beginnen Sie den ganzen Satz von vorne. Das Gleiche gilt für Anweisungen.
- Bedenken Sie, dass viele Wörter mehr als eine Bedeutung haben. Da die betroffenen Kinder alles wörtlich nehmen, benötigen sie Erklärungen für die verschiedenen Bedeutungen eines Wortes.
- Vermeiden Sie abstrakte Begriffe, unter denen sich das Kind nichts vorstellen kann, z. B. *„später", „gleich".*

Aufforderungen formulieren

- Sechs-Worte-Regel: Versuchen Sie, alles kurz und knapp zu formulieren. Verwenden Sie höchstens sechs Wörter, wenn Sie eine Anweisung geben.
- Geben Sie konkrete Aufforderungen, die eine positive Verhaltensweise beinhalten. Sagen Sie: *„Häng deine Jacke an den Haken!"* anstatt *„Räum deine Jacke weg!"*
- Benutzen Sie die gleichen Worte für die gleichen Anweisungen. Sagen Sie z. B. immer: *„Putz dir die Zähne!",* anstatt die Anweisung anders zu geben.
- Zerteilen Sie größere Aufforderungen in Zwischenschritte. Stellen Sie erst die nächste Aufgabe, wenn die erste bewältigt wurde.
- Vermeiden Sie Diskussionen. Sie überfordern das Kind und sind sehr anstrengend für alle Beteiligten. Sagen Sie klar und deutlich, was Sie wollen. *„Die Spielzeit ist zu Ende. Räum' deine Autos in die Kiste!"*

Unterstützung geben

- Wenn sich das Kind falsch verhält, sagen Sie nicht, was es falsch macht, sondern was es stattdessen tun soll. *„Stell das Glas auf die Spüle!"* und nicht: *„Du sollst dein Glas nicht herumstehen lassen!"*
- Loben Sie das Kind, wenn es eine gute Entscheidung getroffen hat. Sagen Sie immer konkret, was es richtig gemacht hat (nicht: *„Braver Junge"*, sondern *„Simon, gut sitzen geblieben."*).
- Wenn Ihnen das Kind etwas erzählt, sollten Sie keine überflüssigen Fragen stellen. Fragen Sie nicht: *„Bist du dir sicher, dass das passiert ist?"* Solche Fragen verunsichern das Kind. Es versucht, das zu antworten, von dem es denkt, dass Sie es hören wollen. Formulieren Sie Ihre Fragen sehr konkret (statt: *„Hast du Herrn Fischer gesehen?"* besser: *„Wo ist Herr Fischer?"*).

Gestaltung der Wohnung / Ordnung

Stellen Sie sich vor, Sie wachen morgens auf und gehen in die Küche. Dort entdecken Sie, dass die ganze Küche umgeräumt wurde und alle Küchengeräte sowie das Geschirr an einem anderen Platz stehen als vorher. Nun sollen Sie das Frühstück zubereiten ...

So erleben Kinder mit FAS die Welt jeden Tag aufs Neue. Da ihre Aufmerksamkeit und Merkfähigkeit eingeschränkt sind, vergessen sie, wo sich etwas befindet oder was jetzt passiert, auch wenn sie es schon oft erlebt haben. Ständig ist es, als ständen sie vor der plötzlich umgeräumten Küche. Konstanz und Einfachheit sind deshalb unerlässlich in ihrem Leben. Auch die Gestaltung der Wohnung kann dazu beitragen, dass das Kind sich besser zurechtfindet und ruhiger wird.

Weil diese Kinder leicht ablenkbar sind, sollte die Wohnung möglichst reizarm gestaltet sein. Dinge, die nicht gebraucht werden, sollten nicht herumliegen, sondern außerhalb der Reichweite des Kindes aufbewahrt werden. Möbel sollten nicht grell und bunt sein.

Auch die Spielsituation sollte möglichst einfach gestaltet werden. So können die Kinder sich leichter entscheiden, was sie spielen wollen. Wenn sie eine große Auswahl haben, spielen sie mit allem und wechseln ständig zwischen den Spielsachen. Deswegen ist es sinnvoll, immer nur ein Spielzeug zur Verfügung zu stellen. Wenn Ihr Kind damit fertig ist, kann es das Spielzeug austauschen.

Gefahrensicherheit ist ein weiteres Thema bei der Gestaltung der Wohnung.
Da die Kinder mit FAS Gefahren und Risiken nicht angemessen einschätzen können, müssen besondere Vorsichtsmaßnahmen getroffen werden. Gefährliche und spitze Gegenstände wie Messer sollten für Kinder unerreichbar sein. Auch Elektrogeräte sollten vom Kind ferngehalten werden. Wenn es dazu neigt, alleine das Haus zu verlassen, kann das Abschließen der Haustür nötig sein. Haben Sie schon einen Rauchmelder?

Da die Kinder immer wieder Sachen an sich nehmen, die ihnen nicht gehören, sollten Wertsachen nicht für das Kind zugänglich sein. (Genaueres dazu finden Sie im Teil „Besitz" – Elternkarte 9).

MERKE

Gefahrensicherheit ist ein Aspekt, den man bei der Einrichtung der Wohnung auf jeden Fall berücksichtigen sollte. Viele Kinder mit FAS können Risiken nicht adäquat einschätzen, sodass für sie ein kleines Lagerfeuer in der Wohnung nichts Außergewöhnliches ist ...

Gestaltung der Wohnung / Ordnung 4.1

Bildkarten

Wohnung/ Ordnung

4-1, 4-2, 4-3, 4-4, 4-5, 4-6

Konkrete Tipps für die Gestaltung der Wohnung

Einfachheit

- Schaffen Sie eine möglichst reizarme Umgebung. Vermeiden Sie viele Bilder an den Wänden oder Gegenstände, die leicht herunterfallen könnten.
- Vermeiden Sie grelle Farben an den Wänden, helles oder flackerndes Licht.
- Es kann sinnvoll sein, das Kinderzimmer in verschiedene (abtrennbare) Bereiche zu unterteilen (z. B. eine Spielecke, eine Kuschelecke, eine Malecke). Für jeden Bereich muss klar sein, welche Tätigkeiten man dort ausführen kann.
- Benutzen Sie verschiedene (sanfte) Farben, um Bereiche der Wohnung voneinander abzugrenzen.
- Wenn Sie die Dekoration im Haus ändern (z. B. Weihnachtsdekoration), machen Sie das nicht „über Nacht", sondern langsam, sodass sich Ihr Kind daran gewöhnen kann.

Ordnung

- Was nicht regelmäßig gebraucht wird, sollte außerhalb der Sichtweite des Kindes liegen. Wenn Ihr Kind spielt, sollte es nur ein Spielzeug zur Verfügung haben. Wenn es wechseln möchte, muss das andere zuerst aufgeräumt werden.
- Sortieren Sie alle Gegenstände eines Typs zusammen (z. B. alle Socken, alle Autos).
- Sammeln Sie Spielzeug in Kisten und machen Sie ein kleines Symbol an jede Kiste, damit Ihr Kind weiß, was worin ist und wo es seine Sachen wieder verstauen soll (z. B. ein Bauklotz-Symbol an den Bauklotz-Kasten). Auch in der Küche können Sie die Schränke markieren, um dem Kind das Zurechtfinden zu erleichtern.
- Kennzeichnen Sie die Garderobe des Kindes: Hängen Sie z. B. über das Fach für die Mütze ein Bild der Mütze (z. B. mit den Bildkarten aus dem FAS-Koffer). Das hilft Ihrem Kind, sich daran zu erinnern, wo es die Mütze hinlegen soll und wo es sie findet, wenn es sie aufsetzen will.
- Kleben Sie rote und grüne Punkte auf Elektrogeräte. Erklären Sie Ihrem Kind, dass es die Geräte mit rotem Punkt nicht alleine bedienen darf.
- Machen Sie Fotos von dem Wohnzimmer/Spielzimmer, wie es aussieht, wenn alles aufgeräumt ist. Ihr Kind kann sich daran orientieren, wenn es aufräumt, da es immer den gewünschten Endzustand vor Augen hat. Auch bei anderen Situationen sind Fotos sehr hilfreich, um zu verdeutlichen, wie etwas aussieht oder aussehen soll. Statt der Bildkarten, die Sie im FAS-Koffer finden, können Sie auch mit Ihrem Kind gemeinsam Fotos machen. Es kann sich dann noch besser mit den Fotos identifizieren.

Anziehen

Das Anziehen stellt für viele Kinder mit FAS eine problematische Alltagssituation dar. Gerade weil von Kindern im Grundschulalter erwartet wird, dass sie sich alleine ankleiden können, kann diese Situation bei Eltern und Kindern zu Frustration führen, wenn sie nicht richtig funktioniert.

Die Schwierigkeit beginnt damit, dass das Kind nicht selbst auswählen kann, welche Kleidung es anziehen möchte. Zu viel Entscheidungsspielraum führt zu hoher Unsicherheit.

Viele Kinder haben außerdem eine mangelnde Empfindlichkeit für Temperatur. Es gelingt ihnen nicht, sich der Witterung angemessen zu kleiden. So kann es vorkommen, dass auch im Hochsommer der dicke Strickpullover ausgewählt oder im Winter auf Sandalen bestanden wird.

Neben der Auswahl der Kleidung stellt die richtige Reihenfolge beim Anziehen eine Herausforderung dar. Auch hier zeigt sich, dass die Kinder Schwierigkeiten haben, Handlungen in Schritte zu zerlegen, Prioritäten zu setzen und ein Ziel konsequent bis zum Ende zu verfolgen. Das Kind vergisst Socken anzuziehen oder weiß plötzlich nicht mehr, wie es den Pullover richtig anzieht, obwohl es dies die drei vorherigen Tage alleine geschafft hat. Es weiß nicht, welcher Schuh nach rechts und welcher nach links gehört und wie man eine Schleife bindet. Es soll Jacke, Mütze und Schal mitbringen, doch nachdem es seine Jacke gefunden hat, sind ihm die anderen beiden Kleidungsstücke entfallen. Stattdessen greift es nach dem Badeanzug, weil dieser so schön rot ist ...

Ein weiterer Punkt ist das Wechseln von Kleidung. Ein Kind mit FAS ist nicht in der Lage, sich zu merken, wie viele Tage es eine Unterhose schon getragen hat und ob diese gewechselt werden sollte. Wenn ihm ein Pullover gefällt, würde es diesen täglich anziehen, ohne auf den Gedanken zu kommen, dass er zwischendurch gewaschen werden muss.

Einige Kinder sind hypo-sensibel (sehr schwach ausgeprägte Sensibilität auf der Haut), andere hyper-sensibel (sehr stark ausgeprägte Sensibilität auf der Haut). Dies kann sich in der Vorliebe für bestimmte Kleidungsstücke (z. B. sehr weich, sehr schwer) ausdrücken oder in der Verweigerung, andere Kleidungsstücke anzuziehen. Oft stören auch Schilder, kratzige Nähte etc. Reden Sie mit Ihrem Kind darüber, welche Kleidungsstücke sich angenehm anfühlen und was es gerne trägt!

Je älter Ihr Kind wird, desto wichtiger wird es, dass es sich selbstständig anziehen kann. Deshalb sollten so früh wie möglich Routinen eingeführt werden, die es dann immer wieder einüben kann.

Anziehen

Bildkarten

Anziehen

5-1, 5-2, 5-3, 5-4, 5-5, 5-6, 5-7, 5-8, 5-9, 5-10, 5-11, 5-12, 5-13, 5-14, 5-15, 5-16, 5-17, 5-18

Konkrete Tipps für das Anziehen

Routine

- Entwickeln Sie mit Ihrem Kind eine feste Routine für das Anziehen. Führen Sie dabei die gleichen Schritte immer in exakt gleicher Reihenfolge durch (z. B. erst Unterhose, dann Unterhemd, dann Socken, dann Hose, dann T-Shirt, dann Pullover). Versuchen Sie, diese Schritte mit weiteren Gedächtnishilfen zu unterstützen (z. B. mit der Bilderreihe zum Thema „Anziehen" aus dem FAS-Koffer).
- Stellen Sie eine feste Regel auf, wann Anziehsachen gewaschen werden. Eine einfache Regel könnte sein: *„Jeden Abend kommen alle Anziehsachen in die Wäschetonne."* So können Sie ruhig auf die Regel hinweisen, ohne mit Ihrem Kind darüber diskutieren zu müssen, ob die Kleidung schmutzig ist oder nicht (eine entsprechende Bildkarte finden Sie ebenfalls im FAS-Koffer).

Einfachheit

- Stellen Sie ganze Outfits zusammen und hängen Sie diese (in der Reihenfolge, in der sie angezogen werden müssen) zusammen auf einen Kleiderbügel. So muss das Kind nicht selbst entscheiden, welche Kleidungsstücke es auswählen soll, und kann kein wichtiges Kleidungsstück vergessen.
- Richten Sie einen festen Platz für die Outdoor-Kleidung des Kindes ein (Jacke, Mütze, Handschuhe und Schal werden immer dort abgelegt). Kennzeichnen Sie diesen Platz mit entsprechenden Bildern (Bildkarten im FAS-Koffer).
- Für wettergemäße Kleidung: Kleben Sie ein Thermometer an die Tür/Fenster, auf dem mit einer Linie eingezeichnet ist, ab welcher Temperatur man dicke Kleidung anziehen muss. Befestigen Sie daneben ein echtes Thermometer. So kann das Kind immer vergleichen, ob die „echte" Temperatur kälter ist, und hat somit eine Hilfe, ob es warme Kleidung tragen muss.
- Halten Sie immer eine Extra-Ausstattung an Mütze, Schal, Handschuhen vorrätig. Falls Ihr Kind mal wieder etwas verloren oder verlegt hat, haben Sie Ersatz.
- Wenn sich Ihr Kind nicht merken kann, welcher Schuh rechts und welcher links angezogen wird, üben Sie mit ihm zum Beispiel folgenden Satz: *„Die Schuhe müssen sich vorne küssen, dann stehen sie richtig herum."*

Tragekomfort (v. a. bei Hyper-Sensibilität, Überempfindlichkeit)

- Verwenden Sie Schuhe mit Klettverschluss, Reißverschlüsse anstatt Knöpfe etc., um Ihrem Kind das Anziehen möglichst leicht zu machen.
- Schneiden Sie alle Schilder aus den Kleidungsstücken heraus.
- Waschen Sie neue Kleidungsstücke mehrmals, bevor Ihr Kind sie das erste Mal trägt.
- Kaufen Sie weiche, weite Kleidung anstatt enger und elastischer Kleidung.
- Besorgen Sie Kleidung mit sanften Farben und wenigen Mustern, um Ihr Kind möglichst wenigen zusätzlichen visuellen Reizen auszusetzen.

Körperhygiene

Die tägliche Hygiene ist für Kinder mit FAS alleine kaum zu bewältigen. Viele Dinge müssen bedacht, einzelne Schritte hintereinander und in der richtigen Reihenfolge ausgeführt werden. Aufgrund der Schwierigkeiten, komplexe Handlungen zu planen und in sinnvolle Handlungsschritte zu zerlegen, stehen die Kinder auch hier oft völlig überfordert im Badezimmer.

Dazu kommt, dass sie wegen ihres schlechten Kurzzeitgedächtnisses häufig Handlungsschritte vergessen. Sie denken nicht daran, sich abzuputzen oder die Hände zu waschen, wenn sie auf der Toilette waren. Sie vergessen, den Wasserhahn abzudrehen, wenn sie sich die Zähne geputzt haben. Sie stellen sich unter die Dusche, wissen aber nicht mehr, wo genau sie sich waschen sollten.

All dies führt dazu, dass ihre Eltern sie immer wieder anleiten und kontrollieren müssen. Die Selbstständigkeit im Bereich Körperhygiene bleibt dabei auf der Strecke.
Bei kleinen Kindern ist dies noch tolerierbar, doch in der Pubertät kann das Thema „Hygiene“ zu einem Problem zwischen Eltern und Kindern werden. Zur Vorbeugung kann es helfen, schon früh Routineabläufe im Badezimmer einzuüben und regelmäßig zusammen zu wiederholen. Dabei können v. a. Bilderreihen oder gut sichtbare Erinnerungshilfen unterstützend wirken. Einige Vorschläge sind im FAS-Koffer enthalten.

Kinder mit FAS verfügen darüber hinaus über eine schlechte Wahrnehmung ihres eigenen Körpers. Sie merken kaum, ob das Wasser der Dusche zu heiß oder zu kalt ist. Viele haben Probleme, trocken zu werden, da sie nicht spüren können, wann sie auf die Toilette müssen. Außerdem haben sie kein Gefühl dafür, wann sie sich waschen sollten, wann sie ihre Zähne putzen müssen und wann es Zeit für eine Dusche ist.

Auch hier können klare Regeln Orientierung geben, damit sie sich nicht auf ihr Körpergefühl verlassen müssen (*„Jeden zweiten Tag wird geduscht.“*).

Bildkarten

Körperhygiene

6-1, 6-2, 6-3, 6-4, 6-5, 6-6, 6-7, 6-8, 6-9, 6-10, 6-11, 6-12, 6-13, 6-14, 6-15, 6-16, 6-17, 6-18, 6-19, 6-20, 6-21, 6-22, 6-23

Konkrete Tipps für die Körperhygiene

Bildliche Hilfen

- Verwenden Sie Bilderreihen und entwickeln Sie Routinen, um Ihrem Kind den Ablauf im Bad bei der Morgen- und Abendhygiene zu erklären und ihm Orientierung zu geben. Sollte Ihr Kind vergessen, was es tun soll, kann es auf den Bildern nachprüfen, was der nächste Schritt ist. Dadurch sind Sie weniger eingespannt und Ihr Kind hat das Gefühl, etwas alleine machen zu können.
- Hängen Sie bildliche Erinnerungshilfen im Bad auf, wenn Ihr Kind regelmäßig Handlungsschritte vergisst (z. B. Po abputzen, Hände waschen, Wasserhahn zudrehen).
- Um heiß und kalt zu unterscheiden, bringen Sie kleine Symbole an den Wasserhähnen an (z. B. einen Schneemann und eine Sonne, die im FAS-Koffer als Bilder enthalten sind).
- Hängen Sie ein Bild in der Dusche auf, das genau zeigt, an welchen Körperregionen sich das Kind waschen soll.

Weitere sichtbare/hörbare Hilfen

- Kaufen Sie die Sachen Ihres Kindes alle in einer Farbe (Zahnbürste, Haarbürste, Shampoo, Handtuch etc.). So weiß Ihr Kind genau, was ihm gehört.
- Stellen Sie einen Wecker, wie lange Ihr Kind duschen soll. Wenn der Wecker klingelt, soll es die Dusche verlassen. Oder hängen Sie eine Sanduhr in der Dusche auf, sodass das Kind sehen kann, wie viel Zeit ihm noch zum Duschen bleibt.
- Markieren Sie z. B. mit einem Folienstift in der Badewanne, wie voll das Wasser eingelassen werden darf.

Unterstützung

- Führen Sie feste Zeiten für den Toilettengang ein, wenn Ihr Kind Probleme hat, selbst zu merken, wann es auf die Toilette muss.
- Führen Sie feste Regeln ein, wann geduscht und gebadet wird.
- Aufgrund des schlechten Gespürs für Temperatur sollte das Wasser nicht zu heiß einstellbar sein.
- Erinnern Sie Ihr Kind an alle wichtigen Schritte der Körperhygiene und überprüfen Sie, ob es diese wirklich durchführt.
- Leisten Sie Unterstützung, wenn Ihr Kind einzelne Schritte nicht gut ausführen kann (z. B. die Zahnbürste im Mund bewegen).

MERKE

Bildliche und akustische Hilfen können Ihrem Kind zu mehr Selbstständigkeit bei der täglichen Körperhygiene verhelfen. Ein kontrollierender Blick Ihrerseits ist dennoch häufig nötig.

Essen

Kinder mit FAS haben häufig ein gestörtes Essverhalten. Dieses äußert sich allerdings nicht bei allen Kindern gleich. Viele verspüren kaum Hungergefühle und sind auf Erinnerungen der Eltern angewiesen, damit sie ausreichend Nahrung zu sich nehmen. Sie essen nur wenig, sind sehr wählerisch und nehmen nur langsam an Gewicht zu. Andere hören nicht von alleine auf zu essen und verspüren kaum Sättigungsgefühl. Nahrung wird in sich hineingeschlungen, ohne ausreichend gekaut zu werden, oft bis zum Erbrechen.

Des Weiteren mögen die Kinder mit FAS häufig eine bestimmte Art von Nahrung. Auch hier zeigt sich die Alkoholschädigung des Kindes in unterschiedlicher Weise. Manche Kinder bevorzugen weiche und texturarme Kost (z. B. Brei, Brot ohne Kruste), da ihnen das Kauen und Schlucken festerer Nahrung schwerfällt. Andere schätzen gerade texturreiche Kost, um diese richtig zu spüren. Oft merken die Kinder nicht, ob das Essen zu heiß oder zu kalt ist. Auch die richtige Würze können sie nur schwer beurteilen.

Zu den Problemen mit dem Essen selbst kommen Probleme mit der Situation am Tisch. Da die Kinder mit FAS nur schwer ihre Impulse kontrollieren können, können sie nicht ruhig am Tisch sitzen. Sie sind sehr aktiv, baumeln mit den Beinen, können kaum auf ihrem Stuhl bleiben. Es gibt viele Reize, durch die sie sich ablenken lassen, sodass es ihnen schwerfällt, sich auf ihr eigenes Essen und ihr Hungergefühl zu konzentrieren. Dies führt zu einer chaotischen Situation am Tisch, die die gesamte Familie belasten kann und nicht zuletzt das ohnehin gestörte Essverhalten Ihres Kindes zusätzlich durcheinander bringt.

Bringen Sie deshalb Routine und Struktur in die Essenssituation. Da Ihr Kind durch sein unzuverlässiges Hunger- und Sättigungsgefühl nicht in der Lage ist, seine Essensaufnahme selbst zu organisieren, benötigt es Organisation von außen. Es sollte also nicht nach Hungergefühl essen, sondern zu festen Essenszeiten.

Konkrete Tipps für das Essen

Routine

- Richten Sie feste Essenszeiten ein, die jeden Tag gleich sind, auch an den Wochenenden.
- Servieren Sie drei Mahlzeiten und zwei Zwischenmahlzeiten pro Tag. Essen sollte Gewohnheit sein, sodass Ihr Kind nicht auf sein unzuverlässiges Hungergefühl als Information zurückgreifen muss.
- Bereiten Sie das gleiche Essen an gleichen Wochentagen zu (sowohl mittags als auch abends), z. B. montags Nudeln, dienstags Milchreis etc. Dies kann Ihrem Kind Orientierung über den Verlauf der Woche geben.
- Versuchen Sie, einen Spaziergang vor oder nach dem Essen als Routine einzurichten. Diese körperliche Aktivität kann helfen, während des Essens ruhiger zu sein.
- Weisen Sie jedem Familienmitglied einen festen Sitzplatz zu, der möglichst immer eingehalten wird. Benutzen Sie Platzdeckchen oder Klebeband auf dem Tisch, um die verschiedenen Plätze zu markieren.

Essen

7.1

Einfachheit

- Beschließen Sie einfache, kurze Tischregeln, die immer eingehalten werden müssen (z. B.: *„Ich esse nur mein eigenes Essen.“*, *„Ich sitze auf meinem Platz.“*). Halten Sie diese Regeln auch bildlich fest und hängen Sie diese auf. Weisen Sie immer wieder ruhig darauf hin.
- Halten Sie die Mahlzeiten kurz, alles andere überfordert Ihr Kind.
- Versuchen Sie, die Essenssituation reizarm für Ihr Kind zu gestalten (keine Musik, kein Fernseher, möglichst keine Gäste, wenig Dekoration auf dem Tisch etc.).
- Benutzen Sie Kennzeichnungen für das Geschirr des Kindes (z. B. kleine Farbsticker oder alles in derselben Farbe). Dies zeigt Ihrem Kind, von welchem Geschirr es essen darf.
- Wenn sich Ihr Kind von anderen Personen am Tisch gestört fühlt, lassen Sie es eher mit der Mahlzeit beginnen, sodass es alleine essen kann.
- Vermeiden Sie es, mit Ihrem Kind auswärts essen zu gehen. Falls es doch dazu kommt, versuchen Sie, außerhalb der Stoßzeiten essen zu gehen und eine ruhige Ecke im Restaurant auszuwählen, um die Reizüberflutung für Ihr Kind minimal zu halten.

Toleranz

- Wenn Ihr Kind Probleme hat, lange zu sitzen, lassen Sie es stehen. Falls es nicht mit den Füßen auf den Boden kommt, stellen Sie ihm einen kleinen Hocker unter die Füße.
- Erlauben Sie Ihrem Kind, mit einem Löffel oder mit den Händen zu essen, falls es Probleme mit dem Besteck hat, auch wenn dies nicht seinem Alter angemessen scheint. Sie können das Essen auch vorab in mundgerechte Stücke schneiden.
- Zwingen Sie Ihr Kind nicht zum Essen. Da der Stoffwechsel beeinträchtigt ist, nimmt es evtl. nur sehr langsam an Gewicht zu. Dies ist jedoch zunächst kein Grund zur Sorge. Falls Ihr Kind ohne ersichtlichen Grund Gewicht verliert oder ständig unter Erbrechen/Durchfall leidet, lassen Sie dies medizinisch abklären.
- Beobachten Sie die Vorlieben und Gewohnheiten Ihres Kindes. Wenn Ihr Kind weiche Kost bevorzugt, kochen Sie diese. Da es diese Nahrung besser kauen und schlucken kann, fällt ihm eventuell auch die gesamte Tischsituation leichter.

Unterstützung geben

- Benutzen Sie Essen niemals als Belohnung oder Bestrafung.
- Legen Sie die Portion für Ihr Kind fest und geben Sie ihm den fertigen Teller. So verhindern Sie, dass Ihr Kind maßlos isst.
- Kinder mit FAS kauen oft lange, ohne zwischendurch zu schlucken. Erinnern Sie Ihr Kind daran!
- Geben Sie Ihrem Kind eine besondere Aufgabe: Wenn es eher mit dem Essen fertig ist, darf es schon beginnen, den Tisch abzuräumen. So kann es sich körperlich betätigen und fühlt sich gebraucht. Loben Sie Ihr Kind dafür, wenn es seine Energie für Hilfstätigkeiten verwendet und nicht die anderen stört.

Schlaf

Guter und regelmäßiger Schlaf ist wichtig, damit Kinder sich erholen und besser mit Stress umgehen können. Wer zu wenig schläft, hat tagsüber Probleme, sich zu konzentrieren, sich Dinge zu merken, wird unausgeglichen und reizbar. Auch hyperaktives, ängstliches oder aggressives Verhalten kann sich durch schlechten Schlaf verstärken.

Viele Kinder mit FAS leiden unter Schlafproblemen. Durch den Alkoholkonsum der Mutter während der Schwangerschaft ist ihr Bio-Rhythmus gestört. Sie benötigen oft entweder sehr wenig oder sehr viel Schlaf. Sie wachen viel leichter auf als andere Kinder, reden mehr im Schlaf und bewegen sich öfter.

Wenn die Kinder nachts aufwachen, wissen sie häufig nicht, was sie tun sollen. Sie sind überfordert damit, sich in einer völlig offenen und unstrukturierten Situation wiederzufinden. Viele stehen dann auf und laufen durch das Haus, fangen an, Dinge zu zerstören oder Lärm zu machen. Sie können dabei sich selbst und die ganze Familie in Gefahr bringen (wenn z. B. der Herd angeschaltet wird). Tagsüber sind sie müde und es fällt ihnen noch schwerer, aufmerksam zu sein.

Auch das Zu-Bett-Gehen ist eine kritische Alltagssituation für Kinder mit FAS. Wie bereits erwähnt haben sie Probleme damit, wenn Situationen wechseln. Schlafen-Gehen ist eine solche Übergangssituation von Wachheit am Tage zum Schlafen in der Nacht. Zudem hat Einschlafen an sich wenig Struktur. Es ist kaum vorgegeben, was man zu tun und wie genau man sich zu verhalten hat. Diese Unsicherheit führt dazu, dass die Kinder sich weigern, ins Bett zu gehen, mehrmals wieder aufstehen und es so oft Stunden dauern kann, bis sie ihren nötigen Schlaf finden.

Es ist deshalb wichtig, Ihr Kind langsam auf diesen Situationswechsel mit einem langen und beruhigenden Einschlaf-Ritual vorzubereiten. Es muss klar sein, dass der Tag nun zu Ende geht und bald geschlafen wird.

Konkrete Tipps für das Zu-Bett-Gehen

Routine

- Lassen Sie Ihr Kind immer zur gleichen Zeit ins Bett gehen, auch am Wochenende oder an Feiertagen.
- Entwickeln Sie eine Bett-Routine, die jeden Abend exakt gleich wiederholt wird. Diese sollte langsam und ruhig ablaufen und ca. 1,5 Stunden vor dem Einschlafen beginnen.
- Vermeiden Sie aufregende oder stimulierende Aktivitäten kurz vor dem Schlafengehen. Abends sollten Kinder nicht mehr fernsehen. Ein beruhigendes Bad hingegen kann das Einschlafen erleichtern.
- Vermeiden Sie schwere Mahlzeiten vor dem Schlafen.
- Verwenden Sie eine kleine Tafel oder eine Bild-/Fotoreihe, auf der Ihr Kind sehen kann, was es tun muss und was passieren wird. Wenn es älter ist, können Sie sich auch eine kleine Geschichte ausdenken, die erzählt, was man genau tun muss. Diese kann immer wieder abends aufgesagt werden (z. B.: *„Jede Nacht gehe ich schlafen. Zuerst esse ich eine Kleinigkeit. Dann gehe ich im Badezimmer zur Toilette. Danach wasche ich meine Hände. Dann putze ich meine Zähne …"*). Erfinden Sie Reime für die Abfolge der Schritte. So kann sich Ihr Kind die Geschichte leichter merken.
- Lassen Sie Ihr Kind immer im eigenen Bett einschlafen. Wenn es mal auf dem Sofa, mal im eigenen und mal in Ihrem Bett schläft, fällt es ihm schwerer, eine Routine zu entwickeln.
- Vereinbaren Sie ein Zeichen für: *„Jetzt wird geschlafen! Jetzt ist Ruhe!"* (z. B. Hände ans Ohr). Immer wenn das Kind wieder aufsteht, schicken Sie es mit dem Zeichen und einem kurzen Satz (*„Jetzt wird geschlafen!"*) zurück ins Bett. Diskutieren Sie nicht!
- Auch das Aufwecken sollte immer nach dem gleichen Ablauf erfolgen. Wecken Sie das Kind immer mit den gleichen Sätzen, Gesten und Berührungen.

Vorbereitung

- Kündigen Sie schon mindestens eine Stunde vor dem Schlafen an, dass der Tag gleich zu Ende ist. In den letzten Minuten weisen Sie Ihr Kind immer wieder darauf hin.
- Überlegen Sie sich etwas, was Ihr Kind tun kann, wenn es nachts wach wird (z. B. leise ein Buch anschauen). Üben Sie dies gemeinsam mit Ihrem Kind ein. Dadurch werden Sie nicht ständig geweckt, und das Kind beginnt nicht, etwas Verbotenes zu tun.
- Wenn Ihr Kind nachts aufsteht, achten Sie darauf, dass das Haus gefahrensicher ist. Schließen Sie Türen ab.

Reizarme Umgebung

- Das Schlafzimmer sollte so wenige Reize wie möglich enthalten, damit Ihr Kind nicht abgelenkt wird. Es sollte still und dunkel sein.
- Fernseher und Computer sollten nicht im Kinderzimmer stehen.
- Auch im Bett sollten so wenige Dinge wie möglich liegen. Geben Sie Ihrem Kind nur ein Kuscheltier mit ins Bett.
- Ruhige Musik, Duft oder ein gedimmtes Licht helfen einigen Kindern beim Schlafen. Probieren Sie aus, was Ihrem Kind gut tut!
- Wenn Ihr Kind trotz aller Lösungsversuche sehr schlecht schläft und tagsüber darunter leidet, können Sie eine Medikation (z. B. mit Melatonin) in Erwägung ziehen. Besprechen Sie dies mit Ihrem Kinderarzt!

Besitz

Persönlicher Besitz ist, genau wie Zeit oder der Wert von Geld, ein abstraktes Konzept, das für Kinder mit FAS nur schwer fassbar ist. Viele Kinder haben Schwierigkeiten, „mein" und „dein" zu unterscheiden, was nicht selten zu Problemen führt.

Sie nehmen Dinge weg, die ihnen nicht gehören, und vergessen, einmal ausgeliehene Gegenstände zurückzugeben. Oft werden sie deshalb von ihrem Umfeld (Schule, andere Kinder, Supermärkte) des Diebstahls beschuldigt.

Hinter diesem Verhalten steckt jedoch nur selten eine böse Absicht. Meist ist es dem Kind einfach nicht klar, was ihm gehört und was nicht. Solange eine Person einen Gegenstand in der Hand hält, gehört dieser zu ihr. Sobald die Person sich aber entfernt und der Gegenstand herumliegt, scheint er für das Kind ohne Besitzer zu sein. Der gut sichtbare Anhaltspunkt, dass dieser Gegenstand der Person gehört, ist verschwunden und somit auch das abstrakte Konzept von Besitz. Das Kind berichtet vielleicht sogar, dass es diesen Gegenstand „gefunden" habe. Es ist sich nicht bewusst, dass es etwas Unrechtes getan hat, und wird es dadurch auch schwer haben, die Trauer oder Wut der anderen Person darüber zu verstehen, dass ihr etwas weggenommen wurde.

Gleichzeitig gehen Kinder mit einer Alkoholschädigung sehr locker mit ihren eigenen Besitztümern um: Sie verschenken wahllos Spielsachen oder lassen Dinge, die ihnen gehören, irgendwo liegen. Auch Menschen, die man gerade auf der Straße kennengelernt hat, werden so kurzerhand die neuen Besitzer der heißgeliebten Stickersammlung. Im Grundschulalter ist dies meist noch harmlos. Wenn es aber später um das eigene Handy geht, das man einem neuen Freund schenkt, kann dies schon mehr Schaden anrichten. Daher ist es wichtig, frühzeitig mit dem Kind zu üben, wie man mit eigenen und fremden Besitztümern umgeht.

Prävention und enge Begleitung durch die Bezugspersonen sind dabei unerlässlich. Ihr Kind wird es auch nach vielen Erklärungen schwierig finden, nachzuvollziehen, ob ihm etwas gehört oder nicht, wenn es dafür keine sichtbaren Anzeichen hat. Es braucht feste, einfache Regeln, wie es mit eigenen und fremden Gegenständen umgeht. Außerdem benötigt es eine Person, die es konsequent auf diese Regeln hinweist.

Konkrete Tipps für den Umgang mit Besitz

Unterstützung

- Schimpfen Sie nicht mit Ihrem Kind, wenn es etwas genommen hat, das ihm nicht gehört. Erklären Sie mit ruhigen Worten, dass dieses Objekt Person X gehört, und geben Sie es gemeinsam mit dem Kind dieser Person zurück (sodass für Ihr Kind erneut sichtbar wird, wer der Besitzer ist). Wenn Sie nicht wissen, wem das Objekt gehört, sagen Sie: *„Das ist nicht deins!"*, und nehmen es dem Kind weg.
- Es ist generell leichter, Ihrem Kind zu erklären, was ihm gehört, als was ihm nicht gehört.
- Fragen Sie Ihr Kind nicht, warum es etwas genommen hat. Sie werden darauf keine sinnvolle Antwort erhalten und keinen Lerneffekt beim Kind erzielen. Fragen Sie stattdessen, wie und wo es den Gegenstand weggenommen hat, sodass Sie ihn am besten schnellstmöglich zusammen zurückgeben können.
- Üben Sie mit Ihrem Kind immer wieder ein, dass es zuerst fragen muss, bevor es etwas nimmt. So erhält es regelmäßig die Information, wem ein Gegenstand gehört, und ob man diesen nehmen darf.
- Ihr Kind wird Schwierigkeiten haben, das Konzept von „Ausleihen" zu verstehen. Gehen Sie mit ihm Schritt für Schritt durch, wie man sich verhält, wenn man etwas ausleiht (und dass das Zurückgeben ein wichtiger Schritt dabei ist!).
- Oft nimmt Ihr Kind etwas, was seinen eigenen Besitztümern ähnlich ist, weil es nicht in der Lage ist, die Gegenstände zu unterscheiden. Geben Sie Ihrem Kind in einer solchen Situation zuerst seinen Gegenstand, bevor Sie ihm den fremden Gegenstand wegnehmen.
- Erklären Sie Ihrem Kind, wie sich jemand fühlt, wenn ihm etwas weggenommen wird, was ihm gehörte. Versuchen Sie immer wieder, mit ihm durchzugehen, dass man andere Menschen damit traurig oder wütend machen kann.

Sichtbare Hilfen

- Markieren Sie alle Besitztümer des Kindes (und wenn möglich auch die der restlichen Familienmitglieder) farblich oder mit einem Aufkleber. Sowohl Spielsachen als auch Hygieneartikel, Schulsachen und andere Gegenstände sollten so sichtbar den Personen zuzuordnen sein, denen sie gehören. Sie können Ihrem Kind erklären, dass ihm nur die Sachen gehören, die seine Farbe/seinen Aufkleber haben. Das abstrakte Konzept „Besitz" kann so sichtbar gemacht werden.

Vorsicht

- Lassen Sie wertvolle Gegenstände nicht in Reichweite des Kindes herumliegen.
- Haben Sie ein Auge darauf, wenn Ihr Kind neue Gegenstände mit nach Hause bringt.
- Einkaufszentren sind kein geeigneter Ort für Ihr Kind. Es hat Schwierigkeiten zu verstehen, dass man für alle Dinge bezahlen muss und sich nicht nehmen darf, was einem gefällt. Versuchen Sie deshalb, Ihr Kind möglichst selten Situationen auszusetzen, in denen es etwas stehlen könnte. Falls sich ein gemeinsamer Einkauf nicht vermeiden lässt, nehmen Sie Ihr Kind an die Hand oder begleiten Sie es eng.

Zeitgefühl

Zeit ist sehr komplex. Es gibt die Uhrzeit, die man an der Uhr ablesen kann. Diese kann digital angezeigt werden (*15:40*) oder analog (*20 vor vier*). Für die gleiche Uhrzeit gibt es verschiedene Ausdrucksweisen. Außerdem gibt es die gleiche Uhrzeit zweimal am Tag. Es kann gerade acht Uhr morgens oder abends sein.

Dann gibt es noch Zeitspannen: *„Von drei bis sechs Uhr sind wir unterwegs"*, *„Es dauert noch eine halbe Stunde."* Auch Angaben wie *„pünktlich sein"*, *„zu spät kommen"*, *„morgen"* oder *„später"* verwenden wir häufig. Zeitangaben helfen, sich im Tag und in der Woche zu orientieren. Sie ermöglichen, den Tag zu strukturieren und Pläne zu machen. Sie dienen dazu, Verabredungen mit anderen Menschen zu treffen.

Zeit und das Verständnis dieses abstrakten Begriffs spielen damit eine sehr große Rolle im alltäglichen Leben. Für Kinder mit FAS stellt der Umgang mit Zeit ein großes Hindernis auf dem Weg zur Selbstständigkeit dar.

Zeit hat etwas mit Zahlen zu tun. Ein mathematisches Verständnis ist bei den meisten Kindern mit FAS jedoch nur wenig ausgeprägt. Sie lernen am liebsten durch Anfassen und Ansehen. Zeit kann man jedoch weder anfassen noch ansehen. Man muss das abstrakte Konzept „Zeit" verstehen, um sich danach zu richten. Das können viele Kinder nicht. Sie verwechseln morgens und abends, gestern und morgen, fünf Minuten und fünf Stunden. Ihnen fehlt eine „innere Uhr", ein Gefühl für Zeit und Zeitspannen. Deswegen sind sie immer wieder auf die Hilfe von außen angewiesen.

Wichtig ist, dass Zeit anschaulich, sichtbar und erfahrbar gemacht wird.
Durch Routinen kann man es dem Kind erleichtern, Zeit etwas besser einzuschätzen. Statt der Uhrzeit strukturiert die Reihenfolge der Ereignisse den Tagesablauf des Kindes.

Konkrete Tipps für den Umgang mit Zeit

Zeit erfahrbar machen

- Machen Sie das Vergehen der Zeit für Ihr Kind sichtbar und erlebbar (z. B. durch Tonsignale, Wegnehmen von Gegenständen, eine Sanduhr).
- Hängen Sie neben die Wanduhr eine gebastelte Uhr mit verstellbaren Zeigern (eine Bastelvorlage finden Sie im FAS-Koffer). Wenn Ihr Kind sich um halb acht für die Schule fertig machen muss, stellen Sie die gebastelte Uhr auf halb acht. Ihr Kind kann dann die Uhren vergleichen.
- Stellen Sie für bestimmte Aktivitäten einen Wecker, damit Ihr Kind ein Signal bekommt, wann es die Aktivität beginnen oder beenden soll.
- Vermitteln Sie Zeit durch die Dauer von Aktivitäten, zum Beispiel: *„Das dauert so lange, wie einmal ‚Sandmännchen' gucken"* oder: *„Das dauert so lange, wie einmal zur Oma zu fahren."*
- Vermeiden Sie Minutenangaben. Sagen Sie: *„Du darfst noch dreimal rutschen."* statt: *„Wir bleiben noch fünf Minuten im Schwimmbad."*
- Hängen Sie einen Kalender auf. Lassen Sie Ihr Kind abends den Tag durchstreichen, damit es sieht, dass wieder ein Tag vergangen ist.

Klarheit

- Verwenden Sie immer die gleichen Ausdrücke für eine bestimmte Uhrzeit. (Nicht einmal *„12.45"* und einmal *„Viertel vor eins"*.)
- Vielen Kindern fällt es leichter, eine digitale Uhr abzulesen als eine analoge Uhr. Probieren Sie aus, was für Ihr Kind einfacher ist.

Strukturierung durch Routinen

- Halten Sie Tagesabläufe möglichst gleich (z. B. gleiche Aufstehzeit, gleich bleibende Essens- und Schlafenszeiten). Sehr strikte Routine hilft dabei, sich im Tag zu orientieren, auch ohne Zeitgefühl. Das Kind lernt, was als Nächstes geschieht und was es zu tun hat. Es kann sich z. B. nach den Essenszeiten richten.
- Arbeiten Sie mit Tages- und Wochenplänen sowie einem Kalender, damit das Kind sieht, wann bestimmte Ereignisse anstehen (Bildkarten zu Routinen finden Sie im FAS-Koffer).
- Wenn Sie sagen: *„Wir essen um fünf."*, kann das Kind dies nicht einordnen. Sagen Sie dagegen: *„Wir essen, nachdem ..."*, fällt es ihm leichter zu wissen, wann gegessen wird. Beziehen Sie ein Ereignis auf das nächste. Das gibt Ihrem Kind Sicherheit.

MERKE

Abstrakte Dinge wie Besitz oder Zeit müssen einem Kind mit FAS sichtbar gemacht werden, anderenfalls laufen alle Erklärungen ins Leere!

Bildkarten

Hyperaktivität

11-1

Hyperaktivität und Wut

Viele Kinder mit einer Alkoholschädigung leiden unter Hyperaktivität und motorischer Unruhe sowie Konzentrationsproblemen.

Sie haben Schwierigkeiten, ruhig zu sitzen, und sind ständig unterwegs. Es fällt ihnen schwer, sich für eine längere Zeit auf eine Aufgabe zu konzentrieren (z. B. ein Buch zu lesen, Hausaufgaben zu machen). In sozialen Situationen fallen sie oft durch mangelnde Impulskontrolle auf. So gelingt es ihnen nicht zu warten, bis sie bei einem Spiel an der Reihe sind, oder andere Menschen ausreden zu lassen. Sie handeln spontan und impulsiv und sind schnell durch äußere Reize überstimuliert. Es kommt leicht zu Wutanfällen. All dies führt im Familienalltag zu stressigen Situationen und Auseinandersetzungen.

Neben einer medikamentösen Behandlung dieser Symptome, die Sie mit dem behandelnden Kinder- und Jugendpsychiater besprechen sollten, können Sie Ihrem Kind vor allem mit einer sorgfältigen Strukturierung seiner Aktivitäten und seines Umfeldes helfen. Diese sollten so gestaltet sein, dass die Reize, denen das Kind ausgesetzt ist, möglichst gering gehalten werden. Das betrifft visuelle Reize (Licht, Farben, Anzahl von Gegenständen) sowie Lärm, Bewegung und die Anwesenheit vieler Menschen. Wenn zu viele unterschiedliche Reize auf Ihr Kind einströmen, wird es unruhiger, nervöser und anfälliger für emotionale Ausbrüche. Es kennt keine anderen Wege, mit seiner Überforderung umzugehen.

Eine weitere Methode, die Sie in diesem Zusammenhang mit Ihrem Kind ausprobieren können, sind Entspannungsmethoden. Diese können angewendet werden, nachdem Ihr Kind gerade einen Wutanfall hatte, oder aber auch zum festen Bestandteil des Tages werden.

Konkrete Tipps für den Umgang mit Hyperaktivität und Wut

Körperliche Aktivität und Erholung

- Geben Sie Ihrem Kind Gelegenheit, sich körperlich auszutoben Fußball, Laufen und Schwimmen können gute Möglichkeiten sein, überschüssige Energie und Anspannung auf eine gesunde Art auszuleben. Außerdem stärken sportliche Erfolge das Selbstbewusstsein Ihres Kindes.
- Wechseln Sie Zeiten der Konzentration mit körperlicher Aktivität ab. Erlauben Sie Ihrem Kind, sich zwischendurch körperlich auszutoben, bevor es sich erneut auf eine Aufgabe konzentrieren soll.
- Lassen Sie Ihr Kind nützliche körperliche Aufgaben erledigen (z. B. Blätter aufkehren). So kann es sich körperlich betätigen, ohne dabei Schaden anzurichten.
- Ihr Kind benötigt viel Zeit der Ruhe und Entspannung. Wichtig ist, dass auch diese Phasen strukturiert ablaufen. Richten Sie im Tagesablauf feste Zeiten für beruhigende Aktivitäten ein (zum Beispiel eine Snackzeit, eine Lesestunde).
- Vielen Kindern hilft es, wenn strukturierte Entspannungsverfahren erlernt und regelmäßig mit ihnen angewendet werden. Dies können Fantasiereisen oder die progressive Muskelrelaxa-

tion sein (genauere Informationen zu diesen Verfahren finden Sie auf den Elternkarten 11.2 Fantasiereise und 11.3 Progressive Muskelrelaxation (PMR).

- Wenn weitere Kinder in Ihrem Haushalt leben, können diese ebenfalls von Entspannungsverfahren profitieren. Vielleicht lesen Sie allen zusammen jeden Abend eine Fantasiereise vor oder hören sich gemeinsam eine Entspannungsgeschichte auf einer CD an.

Umfeld und soziale Kontakte

- Schränken Sie die Medien-Zeiten Ihres Kindes ein (Fernsehen, Videospiele, Computer).
- Vermeiden Sie reizüberflutende Aktionen mit Ihrem Kind (z. B. eine große Geburtstagsfeier).
- Seien Sie sensibel dafür, wie Ihr Kind auf Besuch reagiert. Für viele Kinder stellt es eine zusätzliche Belastung dar, wenn viele, vor allem fremde Personen, um es herum sind.
- Viele Kinder haben vor allem in Situationen, in denen es auf soziale Fähigkeiten ankommt, Schwierigkeiten mit der Impulskontrolle. Versuchen Sie, solche Situationen in Rollenspielen zu üben, sodass Ihr Kind lernt, wie man sich angemessen verhält (z. B.: *„Wie frage ich, ob ich mitspielen darf?"*). Anleitungen für solche Rollenspiele finden Sie auf der Elternkarte 12-2.
- Benennen Sie konsequent nicht akzeptables, impulsives Verhalten und zeigen Sie Ihrem Kind positive Alternativen auf.

Beruhigungstechniken

- Wenn Ihr Kind einen Wutanfall hat, ist es wichtig, den Schaden möglichst gering zu halten. Passen Sie auf, dass Ihr Kind sich selbst und andere Personen nicht verletzt oder Gegenstände beschädigt.
- Ihr Kind hat eventuell Schwierigkeiten, sich selbst aus einem Wutanfall herauszuhelfen. Geben Sie ihm Hilfestellungen, z. B.: *„Öffne deine Augen."*, *„Schließe deinen Mund."*
- Versuchen Sie, ruhig zu bleiben und mit einer beruhigenden Stimme auf Ihr Kind einzureden. Wenn Sie selbst ebenfalls emotional reagieren und laut sprechen, wird es erneut überfordernden Reizen ausgesetzt und noch mehr verunsichert.
- Vielen Kindern hilft es, einen ruhigen Ort zu haben, an dem sie sich in einer Überforderungssituation ausruhen können. Dieser sollte still, weich und gemütlich sein. Sie können z. B. eine Höhle aus Decken bauen oder ein kleines Zelt aufstellen. Stellen Sie Dinge zur Verfügung, die Ihrem Kind helfen können, die sensorischen Reize zu verringern (z. B. weiche Sitzgelegenheiten, Decken, Sonnenbrille, Kopfhörer mit beruhigender Musik). Seien Sie kreativ und finden Sie zusammen mit Ihrem Kind heraus, was ihm in solchen Situationen gut tut. Üben Sie gemeinsam, wie es den Ruheraum benutzen kann. Wichtig ist, dass dieser Ort nicht als Bestrafung, sondern als Hilfe zur Beruhigung verstanden werden soll. Lassen Sie das Kind selbst seinen Ruheraum mitgestalten. Geben Sie diesem Ort einen positiven Namen, zum Beispiel „Die glückliche Ecke", „Entspannungsoase" (Eine Bildkarte „Ruheraum" finden Sie im FAS-Koffer).
- Um Ihrem Kind zu helfen, aus einem Anspannungszustand herauszukommen, probieren Sie Folgendes aus:
  - „Fußkrieg" (Legen Sie sich beide auf den Boden und pressen Sie Ihre Füße aneinander. Lassen Sie Ihre Füße „kämpfen".)
  - Orale Stimulation (z. B. Brezel essen, Brausepulver essen, Wassereis lutschen)
  - Körperliche Aktivität, bei der sich das Kind nicht verletzen kann (z. B. auf einen Boxsack schlagen)

Fantasiereise

Fantasiereisen sind neben Verfahren wie der Progressiven Muskelentspannung und dem Autogenen Training geeignet, um Kindern, aber auch Erwachsenen zu helfen, sich zu entspannen und „abzuschalten". Bei Fantasiereisen üben die Kinder, mithilfe ihrer eigenen Vorstellungskraft Bilder und Orte zu erschaffen. Das kann ihnen helfen, Stress abzubauen und zur Ruhe zu kommen. Fantasiereisen sind für alle Altersgruppen geeignet, man sollte jedoch Sprache und Wortwahl an das Alter des Kindes anpassen.

Besprechen Sie mit Ihrem Kind kurz, was eine Fantasiereise ist und wie sie durchgeführt wird. Nur wenn Ihr Kind sich sicher fühlt, wird es sich entspannen können. Die Reise sollte nur durchgeführt werden, wenn das Kind auch Zeit und Ruhe zum Entspannen hat. Dabei sind eine ruhige Umgebung und eine bequeme Sitz-/Liegeposition wichtig. Bei manchen Kindern ist es förderlich, ruhige Musik im Hintergrund laufen zu lassen. Die Fantasiereise sollte mit ruhiger Stimme und langsam vorgelesen werden. Zwischen den einzelnen Sätzen sollten Sie kurze Pausen einlegen.

Eine Fantasiereise ist in drei Phasen aufgeteilt. Die Reise wird eingeleitet durch eine *Entspannungsphase*. In ihr soll das Kind zur Ruhe kommen, eine bequeme Position finden und eventuell die Augen schließen. Anschließend beginnt die Reise zu einem schönen Ort, an dem sich das Kind wohlfühlen kann. Dieser sollte möglichst ausführlich beschrieben werden, sodass verschiedene Sinne angesprochen werden (*„Wie sieht es dort aus?" „Wie riecht es dort?" „Wie fühlt sich der Boden an?" „Was hörst du?"*). In der Endphase soll das Kind sich von dem Ort verabschieden und langsam wieder in die Realität zurückkehren. Dabei kann es sich strecken und dehnen und anschließend die Augen wieder öffnen.
Nach der Fantasiereise können Sie Ihr Kind befragen, was es erlebt hat. Lassen Sie sich beschreiben, wie der Ort aussah, wie es sich gefühlt hat. Vielleicht hat Ihr Kind auch Lust, ein Bild von dem Ort zu malen.

Wenn Sie möchten, können Sie sich selbst Fantasiereisen für Ihr Kind ausdenken. Vorschläge für Fantasieorte sind: Wiese, Waldrand, Haus, See, Strand, Berg.
Achten Sie darauf, dass es ruhige Orte sind, die genau beschreibbar und mit vielen Sinnen wahrnehmbar sind. Versuchen Sie, die Situation ausführlich zu beschreiben und viel Raum für innere Bilder zu geben. Als Beispiel können Sie die Fantasiereise „Der Bach" (siehe 11.2, S. 4) verwenden.

Mithilfe der folgenden Empfehlungen für weiterführende Literatur zum Thema Fantasiereisen können Sie sich theoretisch mit dem Thema „Entspannung" und ihrer Wirkung auseinandersetzen. Auch finden Sie Hinweise auf Geschichten, die als Material dienen können.

- **Petermann, U. ([8]2014). Entspannungstechniken für Kinder und Jugendliche. Ein Praxisbuch. Weinheim: Beltz.**
  In diesem Buch finden Sie ausführliche Hintergrundinformationen zum Thema Entspannung bei Kindern. Es werden Grundlagen der Entspannung beschrieben sowie Tipps zur Anwendung verschiedener Entspannungsverfahren gegeben. Das Buch richtet sich in erster Linie an Fachpersonal, aber auch an interessierte Laien, die sich mit diesem Thema auseinandersetzen möchten.

- **Petermann, U. ([20]2018). Die Kapitän-Nemo-Geschichten: Geschichten gegen Angst und Stress. Göttingen: Hogrefe Verlag.**
  Die Kapitän-Nemo-Geschichten sind bildliche Entspannungsgeschichten, die mit Entspannungselementen aus dem Autogenen Training kombiniert werden. Die Kinder werden mitgenommen auf 14 Unterwassergeschichten, die sie gemeinsam mit Kapitän Nemo erleben. Sie eignen sich auch als Gute-Nacht-Geschichten.

- **Seyffert, S. ([7]2006). Komm mit ins Regenbogenland. Phantasiereisen, Entspannungsrätsel und Gute-Nacht-Geschichten. München: Kösel-Verlag.**
  Geschichten, die bereits für Kinder ab drei Jahren zur Entspannung und als Einschlafhilfe geeignet sind.

Fantasiereise „Der Bach"

Schließe deine Augen und atme ruhig ein und aus. Lege dich bequem hin und spüre, wie deine Brust sich beim Atmen hebt und senkt. Spüre, wie ruhig deine Arme und Beine liegen und wie du dich immer besser entspannst. Mit jedem Ausatmen wirst du ruhiger und schwerer. Jetzt beginnt die Reise.

Stell dir vor, du läufst über eine große, grüne Wiese. Die Luft ist ganz warm und klar und das Gras schaukelt im Wind leise hin und her. Das Gras fühlt sich ganz weich an unter deinen Füßen. Du kommst zu einem kleinen Bach. Das Wasser fließt langsam über die Steine. Hörst du, wie der Bach plätschert? Vielleicht hörst du auch Vögel oder das Rauschen der Baumwipfel über dir. Du hältst deine Hände ins Wasser und das Wasser fließt kühl über deine Hände. Du fühlst dich erfrischt und stehst langsam wieder auf. Nun gehst du an dem Bach entlang. Das Wasser fließt dir jetzt entgegen. Kannst du Fische in ihm entdecken? Siehst du andere Tiere um dich herum? Schmetterlinge oder Libellen? Der Bach wird immer schmaler. Schließlich bist du an der Quelle angekommen. Kommt das Wasser aus einem Felsen oder aus der Erde? Hörst du den Bach über die Steine laufen? Du setzt dich auf ein großes Stück Moos auf den Boden und genießt die Ruhe um dich herum. Du streichst mit deiner Hand über das Moos. Wie fühlt sich das Moos an? Du fühlst dich wohl und nimmst alles ganz genau wahr. Und wenn ich nun kurz still bin, kannst du dich noch ein wenig umsehen und dich ganz wohl fühlen … (eine Minute Pause).

Langsam verabschiedest du dich von dem Bach und kehrst wieder in dieses Zimmer zurück. Du bewegst deine Arme und Beine und atmest noch einmal tief ein und aus. Dann kannst du deine Augen wieder öffnen.

Progressive Muskelrelaxation (PMR)

Die progressive Muskelrelaxation nach Edmund Jacobson (1934) ist eine leicht zu erlernende Entspannungsmethode. Durch einen Wechsel von willentlicher An- und Entspannung einzelner Muskelgruppen (Stirn, Arme, Rumpf, Beine) soll dauerhaft eine körperliche und seelische Entspannung erreicht werden. Die Gegensätze von angespannter und entspannter Muskulatur werden durch dieses Verfahren spürbar gemacht. Dies soll langfristig ermöglichen, unnötig angespannte Muskulatur im Körper zu erkennen und sie bewusst zu entspannen. Mit einer entspannteren Muskulatur wird auch psychologisch ein Entspannungsgefühl vermittelt. Unruhige Kinder können so lernen, bewusst etwas mehr Ruhe in ihr Leben zu bringen.
Die Effektivität des Verfahrens bei Kindern konnte mittlerweile in verschiedenen Untersuchungen nachgewiesen werden (Saile, 1996; Kröner-Herwig, 1992).

Wenn Ihr Kind viele Probleme mit Unruhe und Konzentrationsschwierigkeiten hat, kann es helfen, wenn Sie die Methode der PMR häufig mit Ihrem Kind durchführen. Nur eine sehr regelmäßige Anwendung dieses Verfahrens kann dauerhafte Erfolge zeigen.

Zur Einführung und Anwendung können Sie sich mit folgender Literatur auseinandersetzen.

- **Reeker-Lange, C., Aden, P. & Seyffert, S. ([2]2018). Handbuch der progressiven Muskelentspannung für Kinder. Stuttgart: Klett-Cotta-Verlag.**
  Dieses Handbuch richtet sich vornehmlich an Kinder- und Jugendlichenpsychotherapeuten und weiteres Fachpersonal, das pädagogisch, heilpädagogisch und sozialpädagogisch mit Kindern arbeitet. Es werden theoretische Hintergründe der Methode vermittelt sowie viele praktische Tipps und Anleitungen gegeben.

- **Salbert, U. ([10]2016). Ganzheitliche Entspannungstechniken für Kinder: Bewegungs- und Ruheübungen, Geschichten und Wahrnehmungsspiele aus dem Yoga, dem Autogenen Training und der Progressiven Muskelentspannung. Münster: Ökotopia-Verlag.**
  Dieses Buch eignet sich für die Arbeit mit Kindern gleichermaßen für Fachpersonal wie für Eltern, die das Thema Entspannung für sich und ihre Kinder entdecken möchten. Es enthält viele unterschiedliche Vorschläge, um sich zu entspannen.

- **Speck, V. ([9]2013). Training progressiver Muskelentspannung für Kinder. Göttingen: Hogrefe Verlag.**
  Dieses Buch richtet sich an Psychotherapeuten oder anderes Fachpersonal, die ein Training mit aufmerksamkeitsgestörten Kindern durchführen möchten. Es beinhaltet verschiedene Sitzungen zum Thema Entspannung und PMR in manualisierter Form. Einzelne Elemente (siehe die Übung zum Thema PMR in diesem Koffer) können herausgegriffen und auch zu Hause durchgeführt werden. Passend dazu gibt es außerdem eine CD zum Üben für Kinder.

- **Ohm, D. (2000). Progressive Relaxation für Kids. Stuttgart: Trias Verlag.**
  Das Buch (auch als Hörbuch erhältlich) erklärt stressbedingte Störungen bei Kindern und Jugendlichen, die Wirkung von Entspannungstraining und geeignete Übungssituationen. Es bietet vielfältige Übungen, Kurzübungen, Entspannungsgeschichten, Körperreisen und Ruhebilder.

Gefühle

Gefühle und Emotionen sind abstrakte Konzepte, zu denen Kinder mit FAS nur schwer Zugang finden. Viele haben große Probleme, ihre eigenen Gefühle richtig einzuordnen und angemessen auszuleben. Sie spüren, dass sie innerlich angespannt sind, können dies aber nicht mitteilen oder ausdrücken. So kommt es häufig dazu, dass sie einen Wutanfall bekommen und sie sich nur schwer wieder beruhigen lassen. Ob sie jedoch eigentlich traurig, wütend oder einfach nur müde waren, können sie nicht sagen, weder vorher noch nachher.

Genauso rätselhaft wie ihre eigenen Gefühle sind für viele Kinder auch die Gefühle anderer Menschen. Sie sind nicht in der Lage, sich in andere hineinzuversetzen und angemessen auf deren Gefühle einzugehen. Vielen von ihnen ist es nicht möglich, Empathie oder Mitgefühl zu zeigen, sodass sie sich oft unangemessen verhalten und dadurch Probleme mit anderen Menschen bekommen.

Um gut mit seinen Gefühlen umgehen zu können, muss man diese *erstens spüren und richtig benennen können, zweitens wissen, welche Wege es gibt, ein bestimmtes Gefühl auszudrücken, und drittens diese Wege auch sicher beherrschen.* Hier spielen Sie als Bezugsperson eine ganz wichtige Rolle. Helfen Sie Ihrem Kind, einen besseren Zugang zu seiner eigenen Gefühlswelt und der Gefühlswelt anderer Menschen zu bekommen!

Dies kann mit viel Übung und Wiederholung geschehen. Besonders wichtig ist, dass Sie Ihrem Kind Gefühle und mögliche Ausdrucksweisen konkret erklären. Nehmen Sie sich Zeit, zusammen durchzusprechen, welche Gefühle es gibt und wie diese gezeigt werden können. Erarbeiten Sie Wege, um mit verschiedenen Gefühlen konkret umzugehen. Helfen Sie Ihrem Kind außerdem, sich in angespannten Situationen leichter auszudrücken, z. B. durch Handzeichen oder Bilder.

Erwarten Sie nicht, dass Ihr Kind Emotionen sofort versteht und erinnert, sobald Sie mit ihm darüber gesprochen haben. Auch an neue Handlungswege bei Anspannung wird es sich vielleicht am nächsten Tag nicht mehr erinnern. Versuchen Sie deshalb, Ihrem Kind in emotionalen Situationen stets begleitend zur Seite zu stehen. Üben Sie immer wieder, seine Gefühle sowie Ihre eigenen zu benennen und sich nach der festen Regel für dieses Gefühl zu verhalten.

MERKE

Im Umgang mit Emotionen spielen Sie als Bezugsperson eine ganz wichtige Rolle. Helfen Sie Ihrem Kind, einen besseren Zugang zu seiner eigenen Gefühlswelt und der Gefühlswelt anderer Menschen zu bekommen!

Gefühle 12.1

Bildkarten

Gefühle

12-1, 12-2, 12-3, 12-4, 12-5, 12-6

Konkrete Tipps für den Umgang mit Gefühlen

Gefühle erklären

- Helfen Sie Ihrem Kind, seine Emotionen mitzuteilen. Verwenden Sie Handzeichen oder Bilder, die das Kind zeigen kann, wenn es angespannt ist.
- Benennen Sie Ihre Gefühle immer deutlich und mit den gleichen Begriffen (z. B.: „Ich bin jetzt wütend, weil du nicht auf mich hörst."). Seien Sie ein Vorbild, von dem Ihr Kind lernen kann.
- Entwickeln Sie klare Regeln, wie sich Ihr Kind bei einem bestimmten Gefühl verhalten kann, z. B.:
  - Sehr angespannt: In den Beruhigungsraum gehen.
  - Müde: Hinlegen und ausruhen.
  - Wütend: In den Boxsack hauen.

  Halten Sie diese Regeln schriftlich oder bildlich fest und üben Sie sie in Rollenspielen ein.
- Da viele Kinder im Alltag oft Misserfolge erleben, ist es wichtig, ihre Stärken hervorzuheben, damit sie ein gesundes Selbstbewusstsein aufbauen können. Wenn Ihr Kind oft traurig oder unsicher ist, versuchen Sie, seine Stärken zu betonen und hervorzuheben.

Übung

- Wenn Ihr Kind einen Wutanfall hatte, nehmen Sie sich danach Zeit, diesen zu besprechen. Lassen Sie sich von Ihrem Kind beschreiben, welche körperlichen Reaktionen es gespürt hat (z. B. heißes Gesicht, verschwitzte Hände). Versuchen Sie, diese körperlich spürbaren Veränderungen mit dem Gefühl zu verbinden, welches das Kind hatte. So kann es dauerhaft lernen, wie es sich anfühlt, wenn man wütend ist.
- Erstellen Sie ein „Gefühle-Album". Machen Sie mit Ihrem Kind gemeinsam Fotos davon, wie man aussieht, wenn man wütend/traurig/fröhlich etc. ist. Zeigen Sie auf diesem Bild den kompletten Körper. So können Sie gemeinsam durchgehen, wie man bei sich selbst und anderen Menschen erkennen kann, wenn man ein bestimmtes Gefühl hat. Nehmen Sie dafür auch die Gefühle-Bildkarten aus dem FAS-Koffer zu Hilfe.
- Üben Sie Gefühle und Ausdrucksweisen in Rollenspielen (Gesichtsausdruck, Körperhaltung, Stimme). Sie finden dafür Spielvorschläge auf den Elternkarten 12.2 und 12.3. Entwickeln Sie selbst weitere Spiele, in denen Gefühle und der Umgang mit ihnen geübt werden können. Auch hier gilt: Je öfter Sie diese Spiele spielen, desto mehr wird Ihr Kind über Gefühle lernen können.
- Sie können auch die Emotionsbilder gut sichtbar aufhängen und ein gemeinsames Ritual entwickeln. Immer, wenn jemand aus Ihrer Familie nach Hause kommt, befestigt er eine Wäscheklammer, einen Magneten oder Ähnliches an dem Bild, das sein Gefühl am besten widerspiegelt. Dadurch lernt Ihr Kind, sich selbst immer wieder zu befragen, wie es ihm geht. Auch für Sie ist es eine gute Hilfe, um einzuschätzen, wie sich Ihr Kind fühlt. Für die anderen Familienmitglieder ist dies ebenfalls eine hilfreiche Methode, um gut aufeinander zu achten.

Rollenspiele

Das Rollenspiel ist eine Therapie-Methode für Erwachsene und für Kinder, die bei vielen Krankheitsbildern Erfolge zeigt. Oft haben Kinder Wissen darüber, wie man sich in einer bestimmten Situation verhält, können dieses aber nicht praktisch umsetzen.
Ein Rollenspiel kann helfen, neue Verhaltensweisen spielerisch zu erlernen und diese auch dauerhaft anwenden zu können.

Nachfolgend finden Sie mehrere Vorschläge für Verhaltensweisen, die im Rollenspiel erprobt werden können. Erweitern Sie diese beliebig um Situationen, die für Ihr Kind schwierig sind. Auch hier gilt: Je öfter Verhaltensweisen in Rollenspielen geübt werden, desto größere Übungseffekte zeigen sich!

Machen Sie Ihrem Kind vor, was es tun soll, und das Kind macht es Ihnen nach. Erklären Sie ihm, dass das Rollenspiel eine Übung ist, und helfen Sie ihm, die geübten Verhaltensweisen später auch im Alltag anzuwenden.

Konkrete Tipps für Rollenspiele

1. Wie frage ich, ob ich mitspielen darf?

a. Ihr Kind sitzt auf dem Boden und hat ein Spielzeug in der Hand. Sie gehen zu ihm und sagen: *„Hallo, X, darf ich mitspielen?"* Wenn es bejaht, bedanken Sie sich und setzen sich dazu. Wenn es ablehnt, sagen Sie: *„Ok, dann spiele ich etwas anderes"*, und gehen weg.

b. Wenn a. gut klappt, wechseln Sie die Rollen, und das Kind fragt Sie, ob es mitspielen darf. Achten Sie darauf, dass es Ihren Namen sagt, Sie dabei anguckt, höflich bleibt und sich je nach Art der Antwort angemessen verhält.

c. Wenn beide Situationen gut klappen, bitten Sie andere Familienmitglieder und Bekannte, in die Rolle des spielenden Kindes zu schlüpfen. Zur Erinnerung: Wie Sie wissen, ist in neuen Situationen Gelerntes schnell wieder vergessen. Deswegen ist es wichtig, an immer anderen Orten mit anderen Personen die gleichen Situationen zu üben.

2. Wie begrüße ich Fremde?

a. Zunächst erklären Sie Ihrem Kind, wie weit man Abstand zu einer fremden Person hält. Dazu legen Sie Ihrem Kind den ausgestreckten Arm auf die Schulter und sagen: *„Das ist der Abstand, den wir haben, wenn wir miteinander reden."* Anschließend verlassen Sie das Zimmer, kommen durch die Tür herein und sagen: *„Hallo, X."* Dann geben Sie Ihrem Kind die Hand. Das Gleiche können Sie dann auch zum Verabschieden üben.

b. Wenn das gut klappt, soll das Kind ins Zimmer kommen und Sie begrüßen. Achten Sie darauf, dass es Sie mit Namen anspricht und Sie dabei ansieht. Zudem sollte ein angemessener Abstand eingehalten werden.

c. Auch diese Übung sollten Sie mit vielen verschiedenen Personen machen.

d. Sinnvoll ist es auch, zu üben, wie Freunde begrüßt werden (z. B. mit einer Umarmung).

Weitere Möglichkeiten für kurze Rollenspiele können folgende Situationen sein:

- **Wie bitte ich um Hilfe?**
- **Wie teile ich etwas mit jemandem?**
- **Wie sage ich „Nein"?**
- **Wie entschuldige ich mich?**
- **Wie tröste ich jemanden?**

Bildkarten

Gefühle

12-1, 12-2, 12-3, 12-4, 12-5, 12-6

Gefühle-Spiele

Je häufiger Sie mit Ihrem Kind über Gefühle sprechen, umso besser kann es lernen, sich und andere einzuschätzen. Im Folgenden finden Sie einige Spielformen, um mit den eigenen Gefühlen in Kontakt zu kommen.
Die im Koffer enthaltenen Gefühle-Bildkarten können zeigen, welchen Gesichtsausdruck man hat, wenn man wütend, traurig etc. ist. Werden Sie kreativ! Machen Sie Fotos von allen Familienmitgliedern, wie sie gucken, wenn sie ein bestimmtes Gefühl haben. Malen Sie mit Ihrem Kind ein Bild. Wie sieht Wut aus? Wie Freude?
Versuchen Sie, die Gefühle in den Spielen möglichst genau zu betrachten. Bauen Sie Körperhaltung, Stimme, Gestik und Mimik mit ein und reden Sie darüber. Machen Sie Ihrem Kind die verschiedenen Gefühle mit allen Sinnen erfahrbar.

Konkrete Tipps für Gefühle-Spiele

1. Spiel: Gefühle erkennen

Betrachten Sie mit Ihrem Kind die Emotionsbilder im FAS-Koffer. Erweitern Sie die Bilder um Gefühle, die für Sie und Ihr Kind auch noch wichtig sind. Versuchen Sie genau zu beschreiben, woran man erkennt, um welches Gefühl es sich handelt. Machen Sie mit Ihrem Kind die Gefühle nach – möglichst realistisch. Übertreiben Sie in Ihrer Mimik und Gestik. Beachten Sie beim Besprechen folgende Fragen:

- **In welchen Situationen kann ein solches Gefühl entstehen?**
  Freude: Schöne Zeit mit der Familie verbringen, einen Witz hören, ...
  Traurigkeit: Streit zu Hause, Ärger in der Schule, Verbot akzeptieren, ...
  Wut: Jemand hat mir etwas weggenommen, jemand hat mich angelogen, ...
  Angst: Hund in der Nähe, ungewohnte Situation, zu viele Menschen, zu laut, ...
  Überraschung: Situation, mit der man nicht rechnet, ...
  Ekel: Verdorbene Speisen essen, Blut sehen, ...

- **Wie fühlt sich mein Körper bei dem Gefühl an?**
  Freude: Leicht, locker, warmes Gefühl im Bauch, ...
  Traurigkeit: Schwer, Kloß im Hals, Tränen, Bauchschmerzen, Erschöpfung, ...
  Wut: Heiß, geballte Fäuste, kraftvoll, viel Energie, schneller Atem, ...
  Angst: Zittern, Schweiß, schneller Atem, ...
  Überraschung: Augen aufreißen, Herzklopfen, Luft anhalten, ...
  Ekel: Sich schütteln, Bauch zieht sich zusammen, weglaufen, ...

- **Welche Gedanken habe ich dabei?**
  Freude: „Das macht Spaß!", „Das Leben ist so schön!", ...
  Traurigkeit: „Wieso musste mir das passieren?", „Ich weiß nicht, was ich tun soll", ...
  Wut: „Ich bin so sauer auf meinen Freund!", „Das geht so nicht!", ...
  Angst: „Ich weiß nicht, was passiert", „Hilfe! Ich will das nicht", ...
  Überraschung: „Na, wer ist denn das?", „Damit habe ich ja nicht gerechnet!", ...
  Ekel: „Bah, was ist das?" „Das schmeckt widerlich!" „Ich will hier weg!", ...

2. Spiel: Gefühle raten

Bei diesem Spiel kann die ganze Familie mitspielen! Schreiben Sie einige Emotionen auf kleine Kärtchen oder verwenden Sie die Emotionsbilder. Eine Person zieht eine Emotionskarte und versucht, das darauf gezeigte Gefühl darzustellen. Dabei darf man reden, schreien, flüstern, das Gesicht verziehen, ... Alle anderen Mitspieler versuchen, das Gefühl zu erraten.
Wer es als Erster erraten hat, erhält einen Punkt und darf das nächste Gefühl vormachen.

Profi-Version: Wenn Ihre Familie schon zu „Gefühl-Profis" geworden ist, verschärfen Sie die Bedingungen. Nun darf nicht mehr gesprochen werden, das Gefühl soll nur mit Mimik und Gestik vorgemacht werden.

3. Spiel: Was mache ich, wenn ich traurig bin?

Überlegen Sie mit Ihrem Kind, was es tun kann, wenn es ein bestimmtes Gefühl hat. Dann machen Sie ein Gefühl vor, das Kind macht es nach und zeigt, was es dann tun könnte. Im Folgenden finden Sie ein paar Vorschläge. Überlegen Sie sich, welche Verhaltensweisen bei Ihnen zu Hause möglich sind.

- **Freude**: Singen, tanzen, hüpfen, lachen, Arme in die Luft, ...
- **Traurigkeit**: Weinen, kuscheln, Decke über den Kopf ziehen, ...
- **Wut**: Schreien, auf den Boxsack hauen, in den Ruheraum gehen, ...
- **Angst**: Kuscheln, zu vertrauten Personen gehen, weglaufen, sich mitteilen, ...
- **Überraschung**: Seine Überraschung mitteilen, Fragen stellen, ...
- **Ekel**: Situation verlassen, ekligen Gegenstand wegbringen, Nase zuhalten, ...

Mittlerweile gibt es auch viele Materialien, um mit Kindern gezielt das Verstehen von Emotionen zu trainieren. Einige Literaturtipps haben wir für Sie aufgelistet:

- **Löffel, H. & Manske, C. (2011). Ein Dino zeigt Gefühle. Köln: Mebes & Noack-Verlag.**
  Dieses Bilderbuch ist für Kinder ab vier Jahren geeignet. Ein Dinosaurier führt in die Welt der Gefühle ein. Zusätzlich gibt es ein Begleitheft mit weiteren Spielvorschlägen und Kopiervorlagen.

- **Reichling, U. & Wolters, D. (1994). Hallo, wie geht es dir? Gefühle ausdrücken lernen. Mülheim an der Ruhr: Verlag an der Ruhr.**
  Insgesamt 70 Bildkärtchen können für vielfältige Spiele eingesetzt werden. Ob Quartett oder Memory, Pantomime oder Rollenspiele. Die Box enthält ein Begleitheft mit vielen Spielideen.

12
1
2
3
4
5
6
7
8
9
10
11

Verstärkerplan

		Montag	Dienstag	Mittwoch	Donnerstag	Freitag	Samstag	Sonntag
Frühstück	ich bleibe sitzen							
	wenn ich esse, schweige ich							
Mittagessen	ich bleibe sitzen							
	wenn ich esse, schweige ich							
Abendbrot	ich bleibe sitzen							
	wenn ich esse, schweige ich							

☺☺ z. B. einen Sticker, 5 Minuten länger vorlesen

☺☺ ☺☺ ☺ z. B. Lieblingsmusik hören, abends Lava-Lampe

☺☺ ☺☺ ☺☺ z. B. Spiel spielen, Fußball spielen, Lieblingsessen

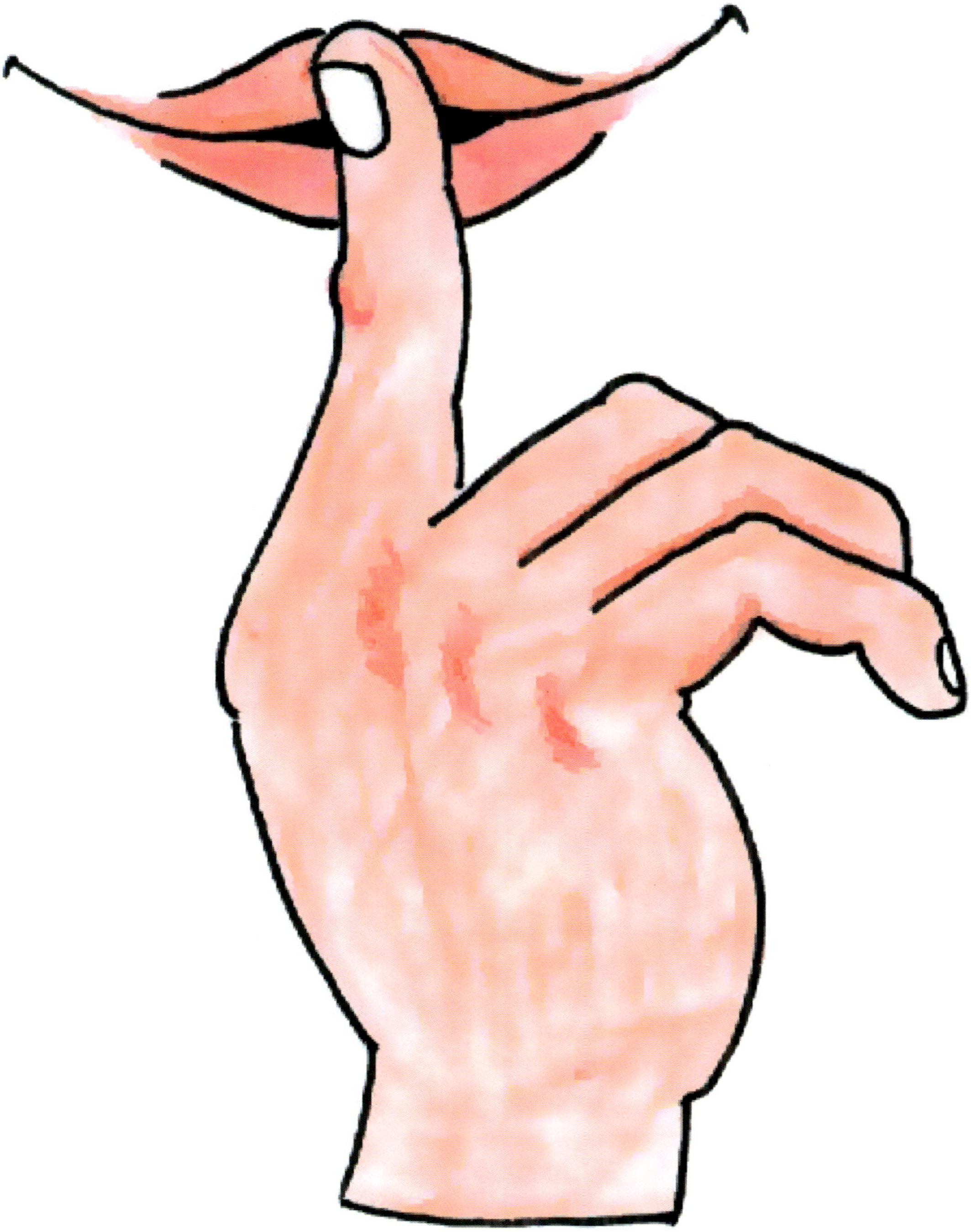